नरेन्द्र नाथ

नरेन्द्र नाथ का जन्म सन् 1942 में हुआ। दिल्ली विश्वविद्यालय और टोरंटो से इतिहास व राजनीतिशास्त्र पढ़ने के बाद उन्होंने सिराक्यूज़ विश्वविद्यालय से समाजशास्त्र में पी-एच.डी की। उनकी अभिरुचियों और लेखन का दायरा काफ़ी विविध रहा। उनके शोध का विषय जेंडर के परिप्रेक्ष्य में परिवार, शिक्षा व पाठ्यपुस्तकों का विश्लेषण करना था। उन्होंने बफ़लो (न्यूयॉर्क) के स्टेट यूनिवर्सिटी कॉलेज में समाजशास्त्र का अध्यापन किया। दूसरी ओर साहित्य मे गहरी दिलचस्पी होने के चलते उन्होंने पाकिस्तानी उर्दू शायरी के पाँच संकलन हिंदी मे प्रकाशित किए। सत्तर-अस्सी के दशक में दक्षिण एशिया के प्रवासियों के लिए टोरंटो से प्रसारित होने वाले वॉयस ऑफ़ इंडिया नामक चैनल के कार्यक्रम 'सोच-विचार' और 'ख़बर' का निर्माण किया और प्रस्तुति भी की। यह कार्यक्रम समाज, राजनीति व संस्कृति से जुड़े लोकरुचि के मुद्दों पर आधारित थे और अत्यंत लोकप्रिय रहे। उन्होंने दर्जनों किताबों और पत्रिकाओं के लिए अकादमिक लेखन किया।

उनकी प्रमुख कृतियाँ हैं—'नौ बरस' (उपन्यास), 'सेक्सिज़म इन इंडियन एजुकेशन : द लाइज़ वी टेल आवर चिल्ड्रन' (1979), 'पाकिस्तान से ताज़ा ग़ज़लें', 'फ्रॉम सेक्सिज़म टू एक्वॉलिटी : अ हैंडबुक ऑन हाऊ टू एलिमिनेट सेक्सिस्ट बायस फ्रॉम आवर टेक्स्टबुक्स' (1986), 'पाकिस्तानी उर्दू शायरी' (पाँच भाग)।

सन् 1998 में लंबी बीमारी के बाद उनका निधन हुआ।

पाकिस्तानी उर्दू शायरी

खंड-3

सम्पादक

नरेन्द्र नाथ

राधाकृष्ण पेपरबैक्स

पहला पुस्तकालय संस्करण
राधाकृष्ण प्रकाशन प्राइवेट लिमिटेड
1984 में प्रकाशित

राधाकृष्ण पेपरबैक्स में
पहला संस्करण : 2024

राधाकृष्ण पेपरबैक्स : उत्कृष्ट साहित्य के जनसुलभ संस्करण

राधाकृष्ण प्रकाशन प्रा. लि.
जी-17, जगतपुरी, दिल्ली-110 051
द्वारा प्रकाशित

शाखाएँ : अशोक राजपथ, साइंस कॉलेज के सामने, पटना-800 006
पहली मंजिल, दरबारी बिल्डिंग, महात्मा गांधी मार्ग, प्रयागराज-211 001
1, अनमोल सोराबजी सन्तुक लेन, धोबी तलाव, मरीन लाइंस, मुम्बई-400 002
वेबसाइट : www.radhakrishnaprakashan.com
ई-मेल : info@radhakrishnaprakashan.com

विकास कंप्यूटर एंड प्रिंटर्स
ट्रॉनिका सिटी-201 102
द्वारा मुद्रित

मूल्य : ₹250

PAKISTANI URDU SHAYARI (Vol. 3)
Edited by Narendranath

ISBN : 978-81-19989-92-8

सम्पादक का बयान

जैसा मैंने खंड दो के परिचय में लिखा था, दूसरे संकलनों की भूमिकाएँ देखते समय कई बार मुझे लगा है कि कविताएँ पढ़ने के बाद उठाई गई बातचीत का रस, कविताएँ पढ़ लेने से पहले उठाई गई आलोचना से अलग होता है। अगले कई खंडों में आप केवल रचनाएँ पढ़ेंगे। निबंधात्मक टिप्पणी तब होगी जब आप इतनी कविताएँ पढ़ चुकें कि समीक्षा के तमाशाई नहीं, सहभागी हों।

इस खंड के लिए शोध अब्दुल मुग़नी ने किया, संपादन में सहयोग द्विजेंद्र और मुकुल प्रियदर्शिनी का था। कमियों की ज़िम्मेदारी मेरी है। एक संकलन के लिए रचनाएँ चुनते समय कई बार संपादक के सामने उपयोगिता, सार्थकता, आदर्शवादिता जैसे प्रतिमान रहते हैं। 1984 की बारिशों से 1985 के पतझड़ तक इस संकलन पर काम करते वक़्त मेरे सामने ऐसी कोई कसौटी नहीं थी। अगर कुछ था तो सिर्फ़ उस एक लड़की का एकांत जिसने मुझसे ज़्यादा हिम्मत से काम ले कर अंतरिम अँधेरे में मेरी सवाली बाँह पर जूड़ा रखने के लिए रिश्तेदारियों से गलतफ़हमियों तक के असमंजस सिनेमा हॉल की बत्तियाँ बुझने से पहले ही पार कर लिए थे।

—नरेन्द्र नाथ

क्रम

अहमद हमदानी

अहमद हमदानी पर मीर तक़ी मीर का ये शेर लागू होता है कि :

मेरे सलीक़े[1] से मेरी निभी मोहब्बत में
तमाम उम्र में नाकामियों से काम लिया

नाकामियों से काम ले कर इश्क़ को बरतने का ये तरीक़ा पैग़म्बरों-सूफ़ियों का साध्य नहीं, शायरों का शग़ल है। हमदानी की कविता में आपको यही सलीक़ा नज़र आएगा। शाहिद इश्क़ी लिखते हैं, "उसके इख़लास[2] की दुकान पर गाहकों के ठठ के ठठ लगे रहते हैं। उससे कम-तवज्जोही[3] की शिकायत तो हो सकती है, अदम-तवज्जोही[4] की नहीं और कम तवज्जोही के शाकी[5] भी वही होते हैं जो सिर्फ़ शनासा[6] हैं, आशना[7] नहीं। वो ग़ालिब की तरह ज़ख़्म-ए-तेग़[8] का क़ायल नहीं, जराहत-ए-पैकाँ[9] से लुत्फ़ उठाता है। कम-कम खिलता है पर देर तक खिलता रहता है और शायद इसीलिए उसके इख़लास की दुकान रात-दिन खुली रहती है मगर गाहकों का जी नहीं भरता :

चाहा जिसे कुछ उसको भी चाहा नहीं बहुत
क्या रंज-ए-बे-तमाम[10] में सरशार हम हुए

"आज जब दुनिया ख़लाई[11] तस्ख़ीर की फ़िक्र में मुब्तला[12] है, अहमद हमदानी ज़ेह्नी ख़ला[13] को भरने के लिए मुड़-मुड़कर रहनुमाई के लिए मीर की ही तरफ़ देखता है। ज़िंदगी और आशिक़ी में उस सलीक़े के फ़ुक़दान[14] का रोना होता है जो सीना-ब-सीना मीर से हमदानी तक पहुँचा है :

चंद यादें, चंद आँसू, चंद शिकवे और उम्र
इश्क़ तो किया था मगर अब ये सलीक़े भी कहाँ

---

1. हुनरमंदी 2. निश्छलता 3. ध्यान 4. ध्यान न होना 5. शिकायत करने वाला 6. परिचित 7. दोस्त 8. तलवार का ज़ख़्म 9. तीरों की नोक का घाव 10. थोड़ा सा दुख 11. अंतरिक्ष 12. ग्रस्त 13. शून्य 14. कमी

"उर्दू शायरी में मीर पहला शायर था जिसने महसूसात[1] की लताफ़तों[2] पर अपनी शायरी की असास[3] रखकर शेर को तकल्लुफ़[4] के बोझ से छुटकारा दिलाया। मीर के शेर में जज़्बात की लैलाएँ अल्फ़ाज़ का इतना बारीक़ नक़ाब पहनकर आती हैं कि आशिक़ों की निगाहें नक़ाब में उलझे बग़ैर उनके तमाम नैन-नक़्श देख सकती हैं। उर्दू शायरी पर मीर का ये एहसान है कि अल्फ़ाज़ को बोझल तिलिस्म की क़ैद से आज़ाद कराया। ऐसा लगता है कि हमदानी भी इस तिलिस्म का राज़ मीर से पा गया है। हमदानी के मिज़ाज की नर्मी और धीमेपन का सिर्फ़ एक ही रास्ता है, जो मीर के कूचे की तरफ़ जाता है। उसका मीर के कूचे में जा निकलना कोई तअज्जुब-ख़ेज़[4] बात नहीं। अजब तो ये है कि वो आज के हंगामा-ख़ेज़ अह्द[5] में भी अपने इस मिज़ाज के साथ सलीक़े से जी रहा है। अपनी इस ना-मौज़ूनियत[6] का उसे एहसास है और ये एहसास उसके शेरों के पैमानों से अक्सर तन्हाई का दुख बनकर छलक उठता है :

चेहरों के इस हुजूम में, लम्हों के दरमियाँ
हम इस तरह जिये कि बस इक सानिहा हुए"

अहमद हमदानी की रचनाओं में ग़ज़ल के रिवायती अलफ़ाज़ और प्रचलित तरकीबें कम हैं। इसलिए मुमकिन है कि रिवायत-परस्तों को उसका लहजा उखड़ा-उखड़ा हुआ नज़र आए। लेकिन पुरानी ज़मीन में नई इबारतें लिखना जुर्म है तो इस जुर्म में उसके शरीक मीर से यगाना और फ़िराक़ तक हैं। हमदानी अपने नर्म मिज़ाज के मुताबिक़ नर्म, शीरीं और धीमे स्वरों वाले अलफ़ाज़ को पसंद करता है चाहे वो शब्द शास्त्रीय हों या आम बोलचाल के। हमदानी जब 'ग़म' के बजाय 'दुख', या 'इश्क़' के बजाय 'चाहत' जैसे लफ़्ज़ का इस्तेमाल करता है तो उसका मक़सद महज़ नयेपन का नगाड़ा पीटना नहीं होता, इश्क़ की राहों की टेढ़ी सलाखों को सादा लफ़्ज़ों से सीधा करना होता है। उसकी कविता चाँदी के वर्क़ से लदी हुई बदहाज़िम[7] देसी घी में बनी, नक़ली साबित करने वाले कोनक़द-इनाम-ब्रांड मिठाई नहीं, कच्ची मिट्टी के आबख़ोरे[8] की सोंधी महक है जो सादे पानी के लुत्फ़[9] को दुबाला[10] करती हुई चलती है।

---

1. अनुभूति (बहु.) 2. सूक्ष्मता (बहु.) 3. नींव, 4. आश्चर्यजनक 5. युग 6. अनौचित्य 7. अपावक, बदहाज़मा पैदा करने वाला 8. मिट्टी का कुल्हड़, कसोरा, सकोरा, पुरवा 9. आनन्द 10. दुगुना

पूरा नाम मुहम्मद अहमद हमदानी है। 01 जुलाई, 1927 को मेरठ में पैदा हुए। बाद में कराची में रहे। 1945 से लिखना शुरू किया। सिर्फ़ ग़ज़लें कहते हैं और अच्छे आलोचक माने जाते हैं। उनके तनक़ीदी मज़ामीन[1] का एक संग्रह 'क़िस्सा नई शायरी का' (1979) कविता की महत्त्वपूर्ण व्याख्या माना जाता है।

रेडियो पाकिस्तान, कराची में मुलाज़िम रहे। शायरी का संकलन : 'प्यासी ज़मीन'।

26 फ़रवरी, 2015 को इनका निधन हो गया।

1. आलोचनात्मक लेख।

ग़ज़ल

1

वो मेहरबाँ हैं बहुत फिर भी हम ये कहते हैं
तमाशे आँखों ने ऐसे बहुत से देखे हैं

ये वस्ल-ओ-हिज्र[1] के मौसम, ये धूप-छाँव मगर
ये लम्हा-लम्हा बदलते ज़माने किसके हैं

तेरी गली के वो फेरे तो बे-सबब[2] थे मगर
अकेली रातों में क्यों आ के हमको डसते हैं

ये ज़िंदगी है यहाँ रंज से भी क्या हासिल
हमें तो देखो कि हम ज़ख़्म-ज़ख़्म हँसते हैं

दिलों से मह्व[3] तो कबके हुए हसीं मंज़र
मगर वो लोग जो बैठे ख़ला को तकते हैं

किसी के ध्यान में बेकल रहे तो इतना हुआ
कि तारे टूटके अब कहकशाँ[4] से आए हैं

2

कुछ उसको याद करूँ, उसका इंतज़ार करूँ
बहुत सुकूत[5] है मैं ख़ुद को बेक़रार करूँ

1. मिलन और विरह 2. अकारण 3. मिटाना 4. आकाशगंगा 5. मौन

भरूँ मैं रंग नए मुज़महिल[1] तमन्ना में
उदास रात को आसूदा-ए-बहार[2] करूँ

कुछ और चाह बढ़ाऊँ कुछ और दर्द सहूँ
जो मुझ से दूर है यूँ उसको हमकिनार करूँ

वफ़ा के नाम पे क्या-क्या जफ़ाएँ होती हैं
मैं हर लिबास-ए-जफ़ा आज तार-तार करूँ

वो मेरी राह में काँटे बिछाए है लेकिन
मैं उसको प्यार करूँ उस पे एतिबार करूँ

ये मेरे ख़्वाब, मेरी ज़िंदगी का सरमाया[3]
न क्यों ये ख़्वाब भी मैं आज नज्र-ए-यार[4] करूँ

3

ये वफ़ाएँ सारे धोके, फिर ये धोके भी कहाँ
चंद दिन की बात है, फिर लोग हम से भी कहाँ

तुमको आना था न आए, वक़्त लेकिन कट गया
मुज़महिल होते हो क्यों, हम रात रोए भी कहाँ

पेड़ ये सूखे हुए, कुछ ये ज़मीं तपती हुई
चलते-चलते आज ठहरे हम तो ठहरे भी कहाँ

आज तो वो देर तक बैठे रहे ख़ामोश से
रफ़्ता-रफ़्ता[5] बिन कहे हालात पहुँचे भी कहाँ

1. शिथिल 2 फूलों के मौसम से संतुष्ट 3. पूँजी 4. प्रेमिका को भेंट 5. धीरे-धीरे

चंद यादें, चंद आँसू, चंद शिकवे और उम्र
इश्क़ तो किया था मगर अब ये सलीक़े भी कहाँ

दिल लहू होता था यारो बात ये आसाँ नहीं
लहज़ा-लहज़ा[1] रोते गुज़री और रोए भी कहाँ

4

याद क्या-क्या लोग दश्त-ए-बेकराँ[2] में आए थे
रंग लेकिन कब ये चश्म-ए-ख़ूँ-फ़िशाँ[3] में आए थे

किस तमन्ना से तुम्हें देखा था, किस चाहत से हम
रक़्स करते हलक़ा-ए-वारफ़्तगाँ[4] में आए थे

सूरतें क्या-क्या दिल-ए-आईनागर में बस गईं
हम से बे-सूरत भी तो बज़्म-ए-जहाँ में आए थे

सादगी से हमने समझा था, हमारा ज़िक्र[5] है!
तज़्किरे[6] कुछ और ही उनके बयाँ में आए थे

हर नई मुश्किल पे हम सोचा किये हैं देर तक
लोग पहले भी तो कुछ शह्र-ए-बुताँ[7] में आए थे

ये गुल-ए-तर की सी ख़ुशबू किस तरफ़ से आ गई
हम बगूले थे, भला कब गुलिस्ताँ में आए थे

क्यों हमारे साँस भी होते हैं लोगों पर गराँ
हम भी तो इक उम्र ले कर इस जहाँ में आए थे

---

1. पल-पल 2. असीम जंगल 3. ख़ून बहाने वाली आँख 4. प्रेम में खोये हुए लोगों की मंडली
5. चर्चा 6. चर्चा (बहु.) 7. हसीनों का शहर

5

गर्द कैसी है ये, धुआँ सा क्या
जा रहा है वो कारवाँ सा क्या

हो गया कोई मेहरबाँ सा क्या
रंज का बँध गया समाँ सा क्या

तक रहे हैं ख़ला में हम किसको
बन रहा है वो इक निशाँ सा क्या

बस्तियाँ कब की हो चुकीं बर्बाद
दिल को ग़म फिर भी नागहाँ[1] सा क्या

सिलसिला कुछ उदासियों का भी
जगमगाता है कहकशाँ[2] सा क्या

हम भी अच्छे हैं, दर्द भी कम है
दिल से उट्ठा मगर धुआँ सा क्या

कैसे टूटा सुकूत-ए-शाम-ए-फ़िराक़[3]
हर तरफ़ शोर-ए-बेअमाँ[4] सा क्या

ये मुहब्बत है या कोई तिलिस्म
पीछा करता है इक गुमाँ सा क्या

6

तेरी चाह भी क्या, तेरी आरज़ू भी क्या
हमारे जिस्म में ये दौड़ता लहू भी क्या

---

1. अकस्मात 2. आकाशगंगा 3. विरह की शाम का मौन 4. असुरक्षा का शोर

है जिसके ध्यान में हर लम्हा ख़्वाब का आलम
मिले कहीं तो करें उससे गुफ़्तगू भी क्या

तेरे ख़याल की ख़ुशबू तेरे जमाल[1] का रंग
हमारे दश्त में लेकिन ये रंग-ओ-बू भी क्या

ये तपती रेत, ये प्यासी ज़मीं, यहाँ लोगो
किसी के प्यार से महकी हुई नुमू[2] भी क्या

हज़ार कोह-ओ-बयाबाँ[3] किये हैं तय लेकिन
हुए हम आबला-पायाँ[4] लहू-लहू भी क्या

किसी की याद में कट जाए ज़िंदगी सारी
इक आरज़ू तो है लेकिन ये आरज़ू भी क्या

7

अब ये होगा शायद अपनी आग में ख़ुद जल जाएँगे
उनसे दूर बहुत रह कर भी क्या पाया क्या पाएँगे

दुख भी सच्चे सुख भी सच्चे फिर भी तेरी चाहत में
हमने कितने धोके खाए कितने धोके खाएँगे

अक़्ल पे हमको नाज़ बहुत था लेकिन ये कब सोचा था
इश्क़ के हाथों ये भी होगा लोग हमें समझाएँगे

कल के दुख भी कौन से बाक़ी आज के दुख भी कै दिन के
जैसे दिन पहले काटे थे ये दिन भी कट जाएँगे

हम से आबला-पा[5] जब तन्हा[6] घबराएँगे सहरा में
रास्ते सब तेरे ही घर की जानिब[7] को मुड़ जाएँगे

---

1. सौन्दर्य 2. उगना 3. पहाड़ और जंगल 4. जिनके पैरों में छाले हों 5. छालों भरे पाँवों वाले 6. अकेले 7. तरफ़, ओर, की दिशा में

8

न आरज़ू न तमन्ना कहाँ चले आए
थकन से चूर ये तन्हा कहाँ चले आए

रुकी-रुकी सी हवाएँ घुटा-घुटा माहौल
ये रात-रात अँधेरा कहाँ चले आए

घरौंदा एक बनाया था हमने ख़्वाबों का
गिरा के ख़ुद वो घरौंदा कहाँ चले आए

यहाँ तो दिल को भी दुखना न आ सके शायद
यहाँ का दर्द भी झूटा कहाँ चले आए

ये इक चराग़ सा जलता है आज भी दिल
अरे हवा का ये झोंका कहाँ चले आए

9

हयात आज भी कहती है रायगाँ[1] गुज़रे
दिलों में लाख उजालों के कारवाँ गुज़रे

पड़ी वो धूप कि यारों ने साथ छोड़ दिया
हवा भी हो गई ख़ामोश हम जहाँ गुज़रे

जफ़ाओं से भी कभी अह्ल-ए-दिल हुए शादाँ[2]
मुहब्बतों पे कभी लुत्फ़[3] भी गराँ[4] गुज़रे

दिलों में लज़्ज़त-ए-सहरा लिये हुए कब तक
गुल-ओ-समर[5] की उम्मीदों का कारवाँ गुज़रे

---

1. निष्फल 2. आनंदित 3. आनंद 4. भारी 5. फूल और फल

ये गर्द-ए-रह[1], ये बगूले, ये राख के कुछ ढेर
कहाँ हैं लोग मगर जो रवाँ-दवाँ[2] गुज़रे

10

तुम्हारे नाम से भी देर तक नहीं चौंके
कहाँ ये आज ज़माने के साथ हम पहुँचे

मैं उम्र-भर के दुखों का गिला करूँ कैसे
बहुत हैं वो भी जो आराम उस नज़र से मिले

यहाँ कि ख़ाक-सी उड़ती है आज दूर तलक
यहाँ तो लोग मिले थे हमें बहुत अच्छे

तुम्हारे शह्र की गलियाँ भी हैं उदास बहुत
नज़र में रंग भी शायद नहीं हैं पहले से

ये ज़िंदगी थी इसे काटना था क्या मुश्किल
बस इक वफ़ा को हुनर अपना हम बना लेते

हमारे साथ मुहब्बत भी सो गई शायद
मगर ये बात कहे भी तो कोई किससे कहे

11

मैं राहें न क्या-क्या बदलता रहा
मगर साथ सहरा तो चलता रहा

दिये तो बहुत कुछ जलाए मगर
मेरे घर में इक ख़ौफ़ पलता रहा

---

1. रास्ते की धूल 2. तेज़ी से

हमीं से न मिलने पे बेकल बहुत
हमीं से वो बच-बच के चलता रहा

घटा आई है तो बरस जाएगी
यूँ ही उम्र-भर मैं बहलता रहा

तेरे लुत्फ़ पर भी कोई क्या जिये
ये सूरज तो हर रोज़ ढलता रहा

गिला क्या किसी का यहाँ हर तरफ़
बस इक आग थी जिसमें जलता रहा

बुझा दिल तो कुछ ज़ख़्म की लौ बढ़ी
मैं कुछ इस तरह भी सँभलता रहा

12

याद आते हैं ये भूले हुए पैमाँ कैसे
हम तेरे शह्र में फिरते हैं परीशाँ कैसे

आज फिर एक थकन हमने समेटी दिन-भर
शाम को आए हैं घर, घर से गुरेज़ाँ[1] कैसे

हमने भी चाहा तुम्हें, तुमने भी हमको चाहा
और फिर सर से गुज़रते रहे तूफ़ाँ कैसे

तुम से मिलकर भी है तन्हाई का एहसास वही
कैसा मौसम है, शब-ओ-रोज़ हैं वीराँ कैसे

लोग तो आ के गुज़र जाते हैं, देखे कोई
हम भी बैठे हैं यहाँ सर-ब-गिरेबाँ[2] कैसे

---

1. संकुचित 2. गिरेबान में सिर डाले (सिर झुकाए)

उनके आने की तवक़्क़ो[1] भी नहीं है लेकिन
सो गए शाम ही से नींद के इमकाँ[2] कैसे

13

चाहा जिसे उसी से न क्या-क्या ख़फ़ा हुए
गोया हम अपने आप ही अपनी सज़ा हुए

जलता रहा वुजूद[3] का शोला तमाम रात
देखो हुई है सुबह तो हम क्या से क्या हुए

चेहरों के इस हुजूम[4] में लम्हों[5] के दरमियाँ
हम इस तरह जिए कि बस इक सानिहा[6] हुए

आबाद चाहतों ने भी क्या-क्या किये थे शह्र
किस दिल से हम कहें कि वो सब वाहिमा[7] हुए

चलने को हम पे चल न सके सच के वार भी
होने को कुछ ख़याल भी सब्र-आज़मा[8] हुए

14

जो ज़िक्र आज चले थे वो कुछ नये भी न थे
मगर ये बात कि दिल इस तरह दुखे भी न थे

कुछ ऐसे लोग भी देखे जो हमसे पहली बार
मिले तो यूँ कभी जैसे अलग रहे भी न थे

हमारे नाम से लौ दे रहे हैं ज़ख़्म वहाँ
दुखों की बात जहाँ लोग जानते भी न थे

---

1. आशा 2. संभावना 3. अस्तित्व 4. भीड़ 5. क्षण (बहु.) 6. दुर्घटना, बुरी ख़बर 7. भ्रम
8. वो काम जो धैर्य की परीक्षा ले

नया है इश्क़ का क़िस्सा न ज़िंदगी है नई
मगर ये कर्ब[1] जो पहले कभी सुने भी न थे

ख़ुद अपने शह्र में फिरते हैं अजनबी जैसे
वो लोग क्या हुए जो हमसे छूटते भी न थे

किसी की याद में वहशत-ब-जाँ[2] रहे लेकिन
हम इससे पहले कभी रायगाँ[3] हुए भी न थे

15

न जाने आज ये किसका ख़याल आया है
ख़ुशी का रंग लिए हर मलाल आया है

वो एक शख़्स कि हासिल न था जो ख़ुद को भी
मिटा किसी पे तो कैसा बहाल आया है

ज़ुबाँ पे हर्फ़-ए-तलब[4] भी नहीं कोई फिर भी
निगाह-ए-दोस्त में रंग-ए-जलाल[5] आया है

किया न ज़िक्र भी जिसका तमाम उम्र कभी
हमारे काम बहुत वो मलाल आया है

नहीं है तुमसे कोई दोस्ती भी अब तो मगर
क़दम-क़दम पे ये कैसा वबाल आया है

16

बह रहे हैं दश्त में दरिया हज़ार
एक प्यासा कह रहा है बार-बार

---

1. दुख 2. प्राण पर पागलपन 3. निष्फल 4. चाह का अक्षर 5. क्रोध का रंग

सिलसिला-दर-सिलसिला ख़्वाबों की गूँज
सूखे पेड़ों की ये इक लुंजी[1] क़तार

इक शिकस्ता[2] से मकाँ में रात भर
कुछ कहा करता है आँधी से ग़ुबार

हर गली-कूचे में वीरानी का रक़्स[3]
आरज़ूएँ दिल की सहरा दरकिनार

ज़र्द[4] तपती रेत को कब तक तकें
कुछ तो अपने भी दुखों का हो शुमार

था न आना जिसको वो आता कहाँ
उम्र-भर लेकिन रहा इक इंतज़ार

17

फेरे उस घर के कई बार लगा तो आए
कुछ न कह कर भी उसे हाल सुना तो आए

सर झुकाए तेरे कूचे से गुज़र आए मगर
जो दिये हमको जलाने थे जला तो आए

उनसे महकें कि न महकें तेरी नींदें लेकिन
रंज के फूल तेरे दर पे उगा तो आए

रायगाँ ऐसे भी कब अह्ल-ए-मुहब्बत ठहरे
दुख न जब उनसे मिटा ख़ुद को मिटा तो आए

वहशतें[5] हमसे कहाँ छूटतीं मगर दूर तलक
राहतें[6] छाँव की सहरा[7] में बिछा तो आए

---

1. टेढ़ी-मेढ़ी 2. टूटे-फूटे 3. नृत्य 4. पीली 5. पागलपन (बहु.) 6. सुख (बहु.) 7. रेगिस्तान

भीड़ में चेहरों की गुम हो तो गए हम लेकिन
चेहरा उस भीड़ में अपना भी सजा तो आए

18

आँखें भी दश्त-दश्त[1] हैं दिल भी दुखा हुआ
गुज़रा था आज वो भी हमें देखता हुआ

पूछो तो—उसको हमसे शिकायत तो कुछ नहीं
देखो तो—कोई जाता है हमसे मुड़ा हुआ

तेरी मुहब्बतों पे तो शक भी न था मगर
देखा था हमने ख़्वाब में इक घर जला हुआ

इक उम्र के गिले जो थे उनसे, भुला दिये
मुद्दत के बाद ख़ुद से जो अब सामना हुआ

क्या-क्या हसीन ख़्वाब दिखाए थे दिल ने भी
आता है उनका ध्यान भी अब काँपता हुआ

19

तुझे शौक़ कब सफ़र का
मुझे दुख नगर-नगर का

ये धुआँ-धुआँ सा आलम
किसी रंज-ए-बेअसर का

मुझे रंज क्यों है इतना
किसी नख़्ल-ए-बेसमर[2] का

---

1. जंगल 2. वो पेड़ जिसमें फल न हों

मेरा दुख मेरा ये साथी
तेरे दर न अपने घर का

मेरा ग़म भी सो गया क्या
दिया बुझ गया है घर का

न तो काम दिल ही आया
न करिश्मा उस नज़र का

न रहा भी तो रहेगा
मेरा दर्द उम्र भर का

ऐन सलाम

पूरा नाम : सय्यद अब्दुस्सलाम बुख़ारी। इनका जन्म 1929 को हुआ। पेशा : नौकरी।

ऐन सलाम की नज़्में आज़ाद हैं, और ग़ज़लें पुरसोच। उनकी शैली पर फ़ारसीयत की छाप है, पर शऊर में आधुनिक मनोविज्ञान है।

प्रकाशित किताबें हैं : 'चकीदा', 'चाँद आईने में' (ग़ज़लें और नज़्में), बलोची लोकगीत, पश्तो लोकगीत (दोनों अनुवाद)।

सर्द, उजाड़ और तन्हा रात

करॉं-ता-करॉं[1]
साँस लेती हुई रात
इक मुज़महिल[2] वेश्या की तरह
किस क़दर सर्द है कितनी बेजान है

शह्र सुनसान है
और वीरान है
हर सड़क हर गली
बाल खोले हुए पागलों की तरह
नाचती फिर रही है घनी तीरगी[3]

रात ख़ामोश है
और इस हाँपती ख़ामुशी के भयानक खँडर में
जो तारीक रूहों का स्थान है
ज़िंदगानी का आबाद शमशान है
कब तलक दिल का कमज़ोर, मद्धम दिया टिमटिमाता रहेगा
कहाँ तक कोई अपना जीता लहू यूँ बहाता रहेगा
उजाड़ और फैली हुई बहरी रातों के मग़रूर, गूँगे, सियहताब[4] जादू!
बता, वो सभी ग़मज़दा मेहरबाँ यार, मजबूर ग़मख़्वार
ख़ूँख़्वार ख़्वाबों के गहरे, घने, अजनबी जंगलों में कहाँ खो गए

---

1. एक छोर से दूसरे छोर तक 2. उदास 3. अँधेरा 4. काला

बरसती रात का जादू

बरसती रात की तन्हाइयों में
फ़ज़ा में बिजलियाँ यूँ तिलमिलाईं
मुझे महसूस कुछ ऐसा हुआ, तू
मेरी आग़ोश में सिमटी हुई है

जूड़ा खुलने से पहले

झिझकी-झिझकी सिमटी-सिमटी कहाँ चली है कौशल
घबराई-घबराई नज़रें पाँव हैं बोझल-बोझल
सर से दुपट्टा ढलका-ढलका साँसों में इक हलचल
सीने के जोबन अमृत की झीलें जलथल-जलथल
शाम के गहरे-गहरे साए रस्ते ओझल-ओझल
दूर, आमों के उलझे-उलझे झुंड में कूके कोयल
आवारा-आवारा धड़कन पल-पल बढ़ती जाए
देख कहीं जूड़े की ढीली गाँठ न खुलने पाए!

जूड़ा खुलने के बाद

उस हरे झुंड में सुनो तो सही!
किसने छेड़ा मधुर सुहाना मल्हार
आमों में डोलने लगा रस रंग
और बरसने लगी महीन फुवार

एक लड़की

मैंने कल शाम उसको देखा था
मस्ती-ए-हुस्न से निढाल थी वो
थी किसी गहरी सोच में ग़लताँ[1]
एक तसवीर-ए-बेमिसाल थी वो
कितनी मासूम कितनी पाकीज़ा
पाक मरियम की तरह बा-इस्मत[2]
लेकिन उसकी निगाह-ए-सादा[3] में
करवटें ले रही थी इक हसरत
मैंने कल शाम उसको देखा था

जब आँख खुली

धुँदलाए पसमंज़र[4] से
तरशे हुए दो होंट उभरे
मैंने वुफ़ूर-ए-मस्ती[5] में
चूम लिये बेदर्दी से
आँख खुली तो बिस्तर पर
ढेर लगे थे सलवटों के
सलवटें क्या थीं निश्तर थे
भूली-बिसरी यादों के

पहाड़ों के संगीन असरार

पहाड़ों के संगीन असरार[6]
गहरे घने जंगलों के परतदार फैले हुए सिलसिले हैं
कहीं उनमें तुम खो न जाना

---

1. लुढ़कती हुई 2. सती 3. निश्छल आँख 4. पृष्ठभूमि 5. मस्ती की अधिकता 6. भेद (बहु.)

बुलंदी की जानिब
निगाहों की हद से निकलती हुई, डूबी पगडंडियो!
ऊँची गहराइयों में सिमटती हुई फैली, चुप घाटियो!
पेड़ की जड़ की मानिंद

धरती की तारीक[1] पहनाइयों[2] में
सलाबत[3] की ताबिंदगी[4] का वो गंभीर जौहर
जो मज़बूत, फैला हुआ, गहरा और सर-बर-आवर्दा[5] है
हम पहाड़ों के कमज़ोर और नाख़लफ़[6] बेटों का एक
सरमाया-ए-बर्दा[7] हैं

अपनी बेरंग फ़ितरत की बेकैफ़[8] आवारगी की सकत[9]
उन पहाड़ों में जलती-सुलगती हुई ओस की नर्म,
यख़बस्ता[10] चिंगारियाँ
इन ज़मीनों की तीरा[11] तहों में नमी से भरी ख़ुशियों की
ख़ुनका[12] गर्मियाँ
जिनसे इस ज़िंदगी में तवानाई[13] के हुस्न की रौशनी है

ज़माना हुआ, खो चुकी है
ज़माना हुआ, हम परेशान-हैरान
सर पर तन-ए-ख़ुश्क ना-मेहबान आसमाँ के तले
ऊँचे-ऊँचे पहाड़ों के बे-आब फैले हुए दामनों में खड़े
जाहिलों की तरह अपनी तक़दीर के नौहा-ख़्वाँ
हम वो पत्थर के ज़ी-रूह[14] बुत हैं
ज़माना जिन्हें इबरतों के लिए ख़ुद में महफ़ूज़[15] रखता है
हमने तो अपने लिए कर लिया है हराम[16] अव्वलीं[17] रोज़ से
ख़ुद को पाना

---

1. अँधेरी 2. विस्तार (बहु.) 3. कठोरता 4. चमक 5. प्रतिष्ठित 6. कपूत 7. पूँजी 8. आनंद रहित 9. शक्ति 10. ठंडी 11. काली 12. ठंडी 13. शक्ति 14. प्राणी 15. सुरक्षित 16. वर्जित 17. प्रथम

पहाड़ों के संगीन असरार
गहरे घने जंगलों के परतदार फैले हुए सिलसिले हैं
कहीं उनमें तुम खो न जाना

तेरी परछाईं, मेरा जीवन

इक तेरे क़ुर्ब[1] के हज़ार अरमाँ
और तेरा क़ुर्ब, ये नसीब कहाँ
तेरी बातें सुनूँ, तुझे देखूँ
कुछ मैं अपना भी ग़म बयान करूँ

तू मेरा दीन, मेरा ईमाँ है
मेरा मशरब[2] है, मेरा क़ुरआँ[3] है
तुझ पे मिट जाऊँ बस ये चाहत है
यही चाहत मेरी इबादत है
मेरी हस्ती तुझी में खो जाए
तुझपे मिट कर अमर ये हो जाए

तू मगर मुझसे दूर, कोसों दूर
साहिब-ए-इख़्तियार[4]—मैं मजबूर
तुझको मालूम भी न होगा, कोई
तेरी चाहत में रोज़ मरता है,
रोज़ जीता है—और तसव्वुर में
तेरे शह्र और तेरी गली का तवाफ़[5]
कभी सूरज, कभी सितारा-ए-शाम
बन के, फ़र्ज़-ए-वफ़ा की सूरत में
इक इबादत समझ के करता है

---

1. समीपता 2. मत 3. क़ुरआन शरीफ़ 4. जिसको अधिकार प्राप्त हो 5. परिक्रमा

तू कि है मेरी अंजुमन[1] से दूर
जान हो कर, है मेरे तन से दूर
क्यों तेरा प्यार मेरे बस में नहीं
क्यों तेरा जिस्म दस्तरस[2] में नहीं
इतनी बेचारगी-ओ-महरूमी[3]
इतनी वीराँ, ख़राब मक़सूमी
तुझको मालूम भी न होगा, कोई
तेरी चाहत में इन पहाड़ों की
वादियों में भटकता रहता है
रोज़ सर फोड़ता है फ़ुर्क़त[4] में
रोज़ इक ताज़ा घाव सहता है

जबकि तू शह्र-ए-ग़ैर में है मकीन[5]
फिर तेरी आरज़ू का ये लाला[6]
इस कुहिस्ताँ[7] में कैसे पैदा है
माह[8] से दूर, दाग़-ए-माह में
कैसे रौशन है, क्यों हुवैदा[9] है
सोचता हूँ, समझ नहीं सकता
दिल तेरे ग़म में क्यों सुवैदा[10] है
तेरा मिलना मुहाल है, लेकिन
तेरी मेरी जुदाई, नामुमकिन
तेरी यादें हैं, तेरे सपने हैं
कितना आबाद दिल का आँगन है

ज़ख़्म ही ज़ख़्म मुस्कुराते हैं
कितना शादाब मेरा गुलशन है
कितनी महरूमियाँ हैं कितने ग़म
कितना भरपूर मेरा दामन है

---

1. सभा 2. पहुँच 3. दीनता और निराशा 4. विरह 5. निवासी 6. एक लाल फूल 7. पहाड़ी प्रदेश 8. चाँद 9. प्रकट 10. वो काला तिल जो हृदय पर होता है

मेरी तारीक ज़िंदगी की ये रात
तेरी ही चाँदनी से रौशन है
तू है मेरी फ़ज़ा पे छाई घटा
और मेरा वुजूद सावन है
हर तरफ़ तू ही तू है, मैं क्या हूँ
मेरी हस्ती तेरा ही दर्पण है
तेरी साँसें हैं मेरे सीने में
मेरा जीवन तेरे ही अर्पण है
ध्यान तेरा तपस्या है मेरी
मेरा निर्वाण तेरा दर्शन है
तू अगर मेरी दस्तरस में नहीं
तेरी परछाईं ही को पूजूँगा
तेरी परछाईं, मेरा जीवन है
तू मेरी ज़िंदगी की धड़कन है
जाने नूरी[1] हूँ मैं कि नारी[2] हूँ
तेरी परछाईं का पुजारी हूँ

एक मंज़र[3] दो तास्सुर[4]

चौदहवीं शब[5] को सुबह से कुछ क़ब्ल[6]
चाँद की शक्ल यू निखरती है
ख़्वाब में जैसे कोई दोशीज़ा[7]
आईना देख कर सँवरती है

चौदहवीं शब को सुबह से कुछ क़ब्ल
चाँदनी ऐसे थरथराती है
शाम के वक़्त जैसे जंगल में
सनसनाहट सी फैल जाती है

---

1. नूर (रौशनी) का 2. आग का 3. दृश्य 4. प्रभाव 5. पूर्णमासी की रात 6. पहले 7. कुमारी

ग़ज़ल

1

मैं इधर चुप हूँ आप उधर चुप हैं
दोनों मजरूह हैं, मगर चुप हैं

किस क़यामत का सामना है कि आज
अहल-ए-फ़रियाद[1] इस क़दर चुप हैं

जो तेरी खोज में थे नग़मा-तराज़[2]
जाने क्यों तुझको ढूँढकर चुप हैं

अपनी वुसअत[3] में खो गए होंगे
तेरे आशुफ़्ता-सर[4] अगर चुप हैं

आमद-ए-इंक़िलाब[5] क्या कहिए
चुप हैं अफ़लाक़[6], बाम-ओ-दर[7] चुप हैं

कुछ तो कहिये कि बात क्या है सलाम
आप क्यों आज इस क़दर चुप हैं

2

जब भी कहीं गूँजी शहनाई
दिल भर आया आँख भर आई

चाँद का बहता जोबन, तौबा
परदेसी की प्रीत, दुहाई

1. दुहाई देने वाले 2. गाने वाले 3. विस्तार 4. प्रेमी 5. इंकिलाब का आना 6. संसार
7. खिड़कियाँ और दरवाज़े

फूट पड़ा जोबन कुटिया में
बन में कली ने ली अँगड़ाई

रूप तेरा जंगल की ख़ुशबू
प्यार मेरा, सहरा-पैमाई[1]

कम न हुए दुनिया के धंदे
गो अक्सर तेरी याद आई

दिल न कहीं बहला, बहलाए
तन्हाई सी है तन्हाई

कौन किसी का मीत है पगले!
किसने किसी की टीस अपनाई

तुझ बिन इस तेरी दुनिया में
जीना ग़म मरना रुसवाई

ऐन सलाम मुझे कहते हैं
मेरा काम है नग़मा-सराई[2]

3

आरज़ुओं के धड़कते शह्र जल कर रह गए
कैसे-कैसे हश्र ख़ामोशी में ढल कर रह गए

ख़ातिर-ए-ख़स्ता[3] का अब कोई नहीं पुरसान-ए-हाल[4]
कितने दिलदारी के उनवाँ[5] थे बदलकर रह गए

---

1. जंगल में मारा-मारा फिरना 2. गाना 3. जिसका मन दुखी हो, प्रेमी 4. हाल पूछने वाला
5. शीर्षक

अब कहाँ अह्द-ए-वफ़ा[1] की पासदारी[2], अब कहाँ
जो हक़ाइक[3] थे वो अफ़सानों में ढल कर रह गए

अब कहाँ वो साहिलों से सैर-ए-तूफ़ान-ए-हयात[4]
अब तो वो साहिल तलातुम[5] में बदल कर रह गए

हासिल-ए-ग़म या ग़म-ए-हासिल मयस्सर कुछ नहीं
ज़िंदगानी के सभी असबाब जल कर रह गए

हाय वो ग़म जो बयाँ की हद में आ सकते न थे
क़ैद-ए-अश्को-आह से आगे निकलकर रह गए

अलअमाँ[6] हालात की महशर-ख़रामी[7], अलअमाँ
डगमगाए इस क़दर गोया सँभलकर रह गए

रह गया हूँ एक मैं तन्हा हुजूम-ए-बर्क़[8] में
हमनवा सारे, चमन के साथ जल कर रह गए

बन तो सकते थे वो तूफ़ान-ए-क़यामत-ख़ेज़[9] भी
जो धड़कते वलवले अश्कों में ढल कर रह गए

एक वो हैं डालते हैं माह-ओ-अंजुम[10] पर कमंद
और इक हम हैं कि ख़्वाबों से बहलकर रह गए

जिनको हासिल था ज़माने में सुकून-ए-इज़्तिराब[11]
अपने ही एहसास के शोलों में जल कर रह गए

जिनकी ख़ामोशी थी मशहूर-ए-ज़माना, ऐ सलाम!
आज उनके मुँह से भी शिकवे निकलकर रह गए

---

1. प्रेम वचन 2. सहायता 3. यथार्थता (बहु.) 4. ज़िंदगी के तूफ़ान की सैर 5. बाढ़ 6. त्राहित्राहि; बचाओ, बचाओ 7. ऐसी चाल जिससे क़यामत आ जाए 8. बिजलियों की भीड़ 9. क़यामत उठाने वाला तूफ़ान 10. चाँद और सितारे 11. व्याकुलता का चैन

4

वफ़ा के वादे हुए ज़िंदगी के ख़्वाब हुए
तुम्हारे अह्द-ए-करम[1] में सभी ख़राब हुए

बदल गईं वो फ़ज़ाएँ तेरे बदलते ही
महकते ख़्वाब, सुलगते हुए सराब[2] हुए

मेरी हयात[3] की तारीकियाँ[4] सिमट न सकीं
बजा कि माह[5] हुए आप ऑफ़ताब[6] हुए

मैं सोचता हूँ कि वो लोग जाने क्या होंगे
जिन्होंने प्यार किया और कामयाब हुए

हमारे मेल में क़ुदरत[7] का हाथ शामिल है
चलो मैं ख़ार सही आप अगर गुलाब हुए

5

ज़िंदगी, ज़िंदगी के बस में नहीं
मौत अंदेशा-ए-नफ़स में नहीं

एक तू ही नहीं कि बस में नहीं
मैं भी आप अपनी दस्तरस[8] में नहीं

फिर बहारों को क्यों तरसता हूँ
मैं गिरिफ़्तार अगर क़फ़स[9] में नहीं

एक मैं हूँ कि गिर्द-ओ-पेश[10] में गुम
एक तू है कि पेश-ओ-पस[11] में नहीं

---

1. कृपा-काल 2. मृगतृष्णा 3. जीवन 4. अंधकार (बहु.) 5. चाँद 6. सूरज 7. दैवी माया 8. पहुँच 9. पिंजरा 10. चारों ओर 11. आगे-पीछे, असमंजस

ख़ून के जायक़े[1] हज़ारों हैं
फूल का रस लब-ए-मगस[2] में नहीं

किसकी नज़रें कभी नहीं बहकीं
कौन ख़ुमख़ाना-ए-हवस[3] में नहीं

ज़िंदगी भर का इंतज़ार—सलाम
ये तो मह्र-ओ-वफ़ा[4] की रस्में नहीं

6

जलता रहा वो उम्र भर अपनी ही आग में
तेरे लबों की आँच न थी जिसके भाग[5] में

छोटी सी बात थी मगर इक रोग बन गई
राहत मिलाप ही में रही है न त्याग में

कैसे कहूँ उसे ये दुल्हन है बहार की
फूलों का ख़ूँ महकता है जिसके सुहाग में

वो हुस्न बन के गुल[6] की तपिश[7] में समा गया
हँस-हँस के जल गया जो तेरे ग़म की आग में

कहने को मेरा साज़[8] है लेकिन किसे ख़बर
किस-किस की धुन समाई है एक-एक राग में

इक दाग़ बन के दिल में सुलगता है ऐ सलाम
वो फूल जिसका लम्स[9] नहीं अपने भाग[10] में

---

1. स्वाद 2. मक्खी का मुँह 3. लालच का शराबख़ाना 4. कृपा और प्रेम 5. भाग्य 6. फूल 7. गरिमा 8. बाजा 9. स्पर्श 10. भाग्य

7

इक अजब सरगश्तगी[1] सी है दिलों के इर्द-गिर्द
जैसे हम सब हैं सफ़र में मंज़िलों के इर्द-गिर्द

उनको भी दीवार रस्ते की बना लेता हूँ मैं
ये जो हैं आसानियाँ सी मुश्किलों के इर्द-गिर्द

सामने की बेकरानी[2] कम हो तो शायद खुले
और कुछ क्या मौजज़न[3] है साहिलों के इर्द-गिर्द

कितने वीराने हुए तामीर, लेकिन मसअले
साइलान-ए-बेवसीला[4], फ़ाइलों के इर्द-गिर्द

शोर बढ़ता जा रहा है शह्र में चारों तरफ़
फैलते जाते हैं सन्नाटे दिलों के इर्द-गिर्द

ख़ैर-ओ-शर[5] से मावरा[6] शायद फ़ज़ा कोई नहीं
ज़िंदगी गुज़री इन्हीं दो मंज़िलों के इर्द-गिर्द

ख़्वाब के जलते सराबों[7] के किनारे आज भी
इक हुजूम-ए-तशनगाँ[8] है महीमलों के इर्द-गिर्द

सूरतें ही सूरतें उम्रों के आईने लिये
सिलसिला-दर-सिलसिला हैं सिलसिलों के इर्द-गिर्द

तौफ़-ए-काबा[9] कर लिया, अच्छा किया तुमने सलाम
अब ज़रा इक रक़्स-ए-मस्ताना दिलों के इर्द-गिर्द

---

1. भटकते रहना 2. असीमता 3. मौजें मारता हुआ 4. प्रार्थी जिनके पास साधन न हों 5. पुण्य और पाप, भलाई और बुराई 6. परे 7. मृगतृष्णा (बहु.) 8. प्यासों की भीड़ 9. काबा की परिक्रमा

8

अज़ल[1] से है फ़िरदौस-ए-गोश-ए-ज़माना[2]
तेरा तज़्किरा[3] हो कि मेरा फ़साना

फ़क़त चाहिए जुरअत-ए-वालिहाना[4]
क़फ़स[5] से नहीं वर्ना दूर आशियाना

बहिश्त-ए-तमन्ना[6] जो ठुकरा चुका हो
कहाँ उसके ज़ौक़-ए-नज़र[7] का ठिकाना

फ़राज़-ए-नशेमन[8] से सह्न-ए-चमन[9] तक
वही एक अंदेशा-ए-दाम-ओ-दाना[10]

गिरी बारहा[11] बिजलियाँ आसमाँ से
वही है मगर रौनक़-ए-आशियाना

तेरी ख़ामुशी से वो क्यों बदगुमाँ हो
तुझे जिसने चाहा न हो वालिहाना

ग़नीमत समझ सोहबत-ए-दोस्त[12] ऐ दिल!
कि गर्दिश में है रात-दिन ये ज़माना

शब-ए-वादा आए न तुम, तो हुआ क्या
ये शम् अ-ए-तमन्ना—नहीं शम-ए-ख़ाना

नई ज़िंदगी जैसे बेदार[13] सी हो
मुबारक है ज़ुलमत[14] का हर ताज़ियाना[15]

---

1. अनादि काल 2. ज़माना शौक़ से कान लगाए सुन रहा है 3. चर्चा 4. प्रेमियों जैसा साहस 5. पिंजरा 6. अभिलाषा का स्वर्ग 7. देखने की रुचि 8. घोंसले की ऊँचाई 9. बाग़ का आँगन 10. जाल और दाने का भय 11. बारबार 12. मित्र की संगत 13. जागी हुई 14. अंधकार 15. कोड़ा

फ़सुर्दा[1] हैं दैर-ओ-हरम[2] की फ़ज़ाएँ
दमकते हैं रोज़-ओ-शब-ए-बादाख़ाना[3]

सलाम आज महफ़िल में आने न पाए
ज़ुबाँ पर कोई हर्फ़-ए-ना-महरमाना[4]

9

दिल-ए-मजरूह[5] जब भी इक नई करवट बदलता है
दिल-ए-ज़ख़्म[6] से हँसता हुआ निश्तर[7] निकलता है

हुआ है और न होगा सर्द, दस्त-ए-जौर-ए-गुलचीं[8] से
शरार-ए-दिल[9], जो मौज-ए-रंग-ओ-बू[10] बन कर उछलता है

यहाँ कुछ कम नहीं दीवानगी से होश का दावा
उधर सीना-सिपर[11] हूँ मैं जिधर से तीर चलता है

मैं वो ख़ामोश बस्ती हूँ उम्मीदों के समंदर में
कि जिसकी ख़ामुशी की तह में इक तूफ़ान पलता है

मुक़द्दर के लिखे पर मुतमइन[12] होने को हो जाऊँ
मगर ये दर्द रह-रह कर जो पहलू में मचलता है

सलाम इक दिन पहुँच ही जाएँगे उनके भी दामन तक
ये शोले, जिनकी गर्मी से मेरा अंग-अंग जलता है

---

1. उदास 2. बुतख़ाना (मंदिर) और काबा 3. शराबख़ाने के दिन और रात 4. ऐसा अक्षर (ऐसी बात) जिससे भेद खुल जाए 5. घायल मन 6. हर फूल का ज़ख़्म 7. चीर-फाड़ का औज़ार 8. फूल तोड़ने वाले का अत्याचारी हाथ 9. मन की चिंगारी 10. रंग और सुगंध की लहर 11. सीना ताने 12. संतुष्ट

ज़हीर काश्मीरी

पूरा नाम दस्तगीर ज़हीर। इनका जन्म 21 सितम्बर, 1919 को अमृतसर में हुआ। पुरखे काश्मीरी थे, इसलिए ज़हीर काश्मीरी कहलाते हैं। छठी कक्षा में, 11 साल की उम्र से शेर कहना शुरू किया। देश-विभाजन से पहले ही पाकिस्तान चले गए थे। शुरू में 'फ़िल्मी दुनिया' में साहित्यिक सलाहकार रहे। 1959 में मजनूँ के नाम से दैनिक 'एहसान' में कॉलम लिखा। साहित्यिक पत्रिका 'सवेरा' का संपादन किया। फिल्म 'तीन फूल' की कहानी लिखकर ख़ुद ही निर्देशन भी किया।

ज़हीर काश्मीरी वामपंथी बुद्धिजीवी आंदोलनों के हामी रहे हैं। मज़दूरों, किसानों, विद्यार्थियों के साथ आज़ादी की लड़ाई में हिस्सा लिया, मुक़दमे और जेलें भुगतीं। ट्रेड यूनियन कांग्रेस, अमृतसर, राज्य मज़दूर कमेटी, पंजाब, और यूनाइटेड पंजाब की स्टूडेंट्स फेडरेशन के सद्र रहे। सरकारी नौकरी कभी नहीं की।

जो शब्द साधारण कवियों की रचनाओं में सिर्फ़ विवरण खींचते हैं, वही शब्द ज़हीर काश्मीरी की रचनाओं में थरथराती तसवीरें बनकर गूँजते हैं। उनका एक-एक लफ़्ज़ लपकती हुई ख़ुशबू का रंग है।

ज़हीर, साहिल की ख़ामोशी का शायर नहीं, तूफ़ानी लहरों के जलाल और जमाल का शायर है। उसकी शायरी सामराजी तक़सीम को तोड़कर की गई एक सृष्टि की कल्पना है, जहाँ पूरा संसार शोषणमुक्त दिखाई देगा।

ज़हीर काश्मीरी दैनिक 'मुसावात', लाहौर के संपादक रहे। उनकी नज़्मों और ग़ज़लों के चार संकलन प्रकाशित हुए : 'अज़मत-ए-आदम', 'तग़ज़्ज़ुल', 'चराग़-ए-आख़िर-ए-शब' और 'रक़्स-ए-जुनूँ'। 1946 में तनक़ीदी मक़ालात[1] का संग्रह 'अदब के माद्दी नज़रिये' प्रकाशित हुआ था।

12 दिसम्बर, 1994 को लाहौर में इनका निधन हो गया।

---

1. आलोचनात्मक निबंध

गोरे मुखड़ो! सुंदर चेहरो!!

गोरे मुखड़ो!
सुंदर चेहरो!!
कोई तो शुभ काम करो
आज यहीं विश्राम करो

तुम तो रूप का सोना लाए
निर्धन हैं सब आस लगाए
रूप की दौलत आम करो

गोरे मुखड़ो!
सुंदर चेहरो!!
कोई तो शुभ काम करो
आज यहीं विश्राम करो

रुका-रुका है वक़्त का धारा
थका-थका है शाम का तारा
तुम भी अब आराम करो

गोरे मुखड़ो!
सुंदर चेहरो!!
कोई तो शुभ काम करो
आज यहीं विश्राम करो

प्यार के रंग महल में आओ
हमको भी रस-भेद बताओ
प्यार का ऊँचा नाम करो

गोरे मुखड़ो!
सुंदर चेहरो!!
कोई तो शुभ काम करो
आज यहीं विश्राम करो

देखो उस गोरी के रंग

पवन-पवन छागल छनकाए, रिमझिम रस बरसाए
बगिया-बगिया ख़ुशबू बनकर उड़ती-उड़ती जाए
चंचल, अचपल और अलबेली, नाचे सबके संग
देखो उस गोरी के रंग

साँझ-सवेरे किरनें लाएँ, उसका सुनहरी डोला
शाम को पहने रंग-ए-शफ़क़[1] का लाल, गुलाबी चोला
ऐसी नारी, ऐसी न्यारी, जिस पर दुनिया दंग
देखो उस गोरी के रंग

मदमाती रातों को छेड़े जब वो चुप का राग
देख के उसका रंग सलोना, काली जुल्फ़ें नाग,
चाँद का दर्पन टूटा-टूटा, तारा-तारा दंग
देखो उस गोरी के रंग

जब वो पूर्णमासी बन कर नील गगन पर आए
नगर-नगर में जगमग-जगमग दीप ही दीप जलाए
उजियारे में झिलमिल-झिलमिल, टहनी, फूल, फुनंग
देखो उस गोरी के रंग

1. उषा का रंग

उसकी सुंदरता का परतौ[1], हरियाली का मेला
कहीं बनी है सुंबुल[2] सौसन[3] कहीं है जूही बेला
अंग-अंग से फटता जोबन, उस पर चोली तंग
देखो उस गोरी के रंग

कोयल, बुलबुल, मोर, पपीहा, क़ुमरी और चंडोल
पंछी-पंछी बाँट रही है अपने रसीले बोल
नदी, नाले, चश्मे, दरिया सब उसके आहंग
देखो उस गोरी के रंग

उसकी काया, मन की माया, सदा रहे आबाद
उसको देख के आ जाती हैं कितनी बातें याद
हिज्र का मौसम, वस्ल के क़िस्से, सावन, डोर, पतंग
देखो उस गोरी के रंग

उसके ध्यान की मदिरा पी कर, झूमे मन मतवाला
मन की सुंदर आशाओं में उसकी रूप ज्वाला
सेज पे जैसे सजे सुहागन, सब सखियों के संग
देखो उस गोरी के रंग

उसकी चाहत में फिरते हैं जोगी मारे-मारे
गीत काबरा जंगल-जंगल, गाते हैं बंजारे
डमडम डमरू, छम-छम बिछवा, तड़क-तड़क मृदंग
देखो उस गोरी के रंग

ग़ज़ल

1

हिज्र-ओ-विसाल[4] की सर्दी-गर्मी सहता है
दिल दरवेश है फिर भी राज़ी रहता है

---

1. छाया 2. गेहूँ की बाल 3. एक नीला फूल 4. विरह और मिलन

फूल से इतना रब्त[1] बढ़ाना ठीक नहीं
क़तरा-ए-शबनम उड़ते-उड़ते कहता है

इस कुटिया को ढाने वाले ग़ौर से सुन!
इस कुटिया में तेरा ध्यान भी रहता है

हर आँसू में आतिश[2] की आमेज़िश[3] है
दिल में शायद आग का दरिया बहता है

मुझसे बिछड़ कर पहरों रोया करता था
वो जो मेरे हाल पे हँसता रहता है

2

किरन-किरन में शऊर-ए-वफ़ा[4] मचलता है
कुछ इस तरह तेरे रुख़ का चराग़ जलता है

तू इस पे तंज़-ओ-मलामत[5] की बिजलियाँ न गिरा
ये नख़्ल-ए-दिल[6] है, ये ठंडी हवा में पलता है

अभी रफ़ू की तलब है न पैरहन की तलाश
अभी तो अपने गिरेबाँ पे ज़ोर चलता है

बपा है फिर कोई तूफ़ान-ए-आरज़ू[7] दिल में
कि आज आँख में पानी बहुत उछलता है

तेरा इशारा-ए-अबरू[8] है दफ़्तर-ए-मानी[9]
जिधर से देखिए मज़मूँ नया निकलता है

---

1. संबंध 2. आग 3. मिलावट 4. प्रेम का विवेक 5. व्यंग्य और निंदा 6. दिल का पेड़
7. इच्छाओं की बाढ़ 8. भौं का संकेत 9. अर्थ-ग्रंथ

अजीब चीज़ है वो हुस्न आईना-तिम्साल[1]
जो देखता है वो हैरत से आँख मलता है

वो अजनबी जो मेरा महरम-ए-सफ़र[2] भी नहीं
जिधर भी जाऊँ मेरे साथ-साथ चलता है

ज़हीर गर्दिश-ए-दौराँ[3] क़ुसूरवार नहीं
मिज़ाज-ए-यार[4] ब-हर-दौर[5] ख़ुद बदलता है

3

आदमी इस क़दर बे-बसर[6] भी नहीं
हाँ मगर उसको अपनी ख़बर भी नहीं

रास्ते ख़म-ब-ख़म[7], मंज़िलें बेनिशाँ
दिलज़दों[8] में मजाल-ए-सफ़र[9] भी नहीं

ख़ाक उड़ाने को सारा जहाँ है मगर
आशियाँ के लिए इक शजर भी नहीं

सुबह-दम ओस की तितलियाँ उड़ गईं
तशना-लब[10] कोंपलों को ख़बर भी नहीं

कौन जोड़ेगा टूटी हुई किरचियाँ
सारी बस्ती में इक शीशागर भी नहीं

ज़िंदगी को अँधेरे से नफ़रत सही
ज़िंदगी रौशनी का सफ़र भी नहीं

---

1. आईने जैसा 2. सफ़र का साथी 3. काल-चक्र 4. यार का स्वभाव 5. हर समय 6. अंधा 7. टेढ़े-मेढ़े 8. दिल के मारे 9. यात्रा का साहस 10. प्यासी

दिल कि सादा भी है और पुरकार[1] भी
बेहुनर[2] भी है और बेहुनर भी नहीं

हर सफ़र में मुसलसल मेरे साथ था
अजनबी जो मेरा हमसफ़र भी नहीं

हो गई आज तकमील-ए-बेचारगी[3]
साँस भी रुक गई चारागर[4] भी नहीं

मेरी शब-बाशियों[5] का ठिकाना रहा
वो मकाँ जिसके दीवार-ओ-दर भी नहीं

ऐ ज़हीर अह्ल-ए-दिल का अजब हाल है
दावा-ए-ग़म भी है आँख तर भी नहीं

4

ख़ुद अपनी महजूब[6] अदा से क़ुफ़्ल-ए-ख़मोशी[7] खोलेगा
ऐ दिल तुम मायूस न होना, पत्थर का बुत बोलेगा

मेरे बाद भी तुमको अपने सह्न-ए-चमन का ध्यान रहे
पिछले पहर की सर्द हवा में साया सा इक डोलेगा

शोख़ निगाराँ[8]! इस मंज़िल पर ये बे-महरी[9] ठीक नहीं
इश्क़ वगरना अपनी कश्ती साहिल पर ही डुबो लेगा

तेरे दामन के धब्बों की मुजरिम ख़ामोशी के बाद
ख़ल्क़-ए-ख़ुदा[10] जब पूछेगी तो दाग़-ए-तमन्ना[11] बोलेगा

---

1. चतुर 2. निर्गुण 3. दुख की पूर्ति 4. चिकित्सक 5. रात भर के लिए कहीं ठहरना, स्त्री-प्रसंग करना 6. लज्जा से भरी 7. ख़ामोशी का ताला 8. धृष्ट प्रेमिका 9. निर्दयता 10. जनता 11. इच्छा का दुख

हम सादा इंसानों को तौहीन-ए-वफ़ा मंजूर न थी
झूटे प्यार पे कौन वगरना सच्चे मोती रोलेगा

देख ज़हीर इस चाहत में मायूस-ए-वफ़ा क्यों होता है
घूँघट ओट में रहने वाला घूँघट के पट खोलेगा

5

छुपा कर धज्जियाँ जेब-ओ-गिरीबाँ[1] की गुज़रना है
हमें कुछ एहतिराम-ए-कूचा-ए-जानाँ[2] भी करना है

किसी गिर्दाब[3] को सम्त-ए-सफ़र[4] मालूम हो शायद
सवार-ए-कश्ती-ए-उम्र-रवाँ[5] ने पार उतरना है

हमें जलवों की आवारा-ख़िरामी[6] से नहीं मतलब
हमें तो इस दिल-ए-बेबाक को ज़ंजीर करना है

ज़हीर आईना-ए-दिल की सफ़ाई ऐन लाज़िम है
इसी शीशे के आगे बैठ कर उसने सँवरना है

6

क्या ज़ीस्त की बुनियाद फ़सानों पे रहेगी
ये धुंद सी अब कितने ज़मानों पे रहेगी

हर एक मकीं[7] जा-ए-अमाँ[8] ढूँढ रहा है
कब तक ये कड़ी धूप मकानों पे रहेगी

---

1. जेब और गिरीबान 2. प्रेमिका की गली का सम्मान 3. भँवर 4. यात्रा की दिशा 5. गुज़रती हुई उम्र की कश्ती का सवार 6. मारा-मारा फिरना 7. निवासी 8. सुरक्षित स्थान

हर संग-ए-सियह-दिल को जला देगी मेरी आँख
सूरज की किरन बन के चट्टानों पे रहेगी

हर शह्र में हर दश्त[1] में ज़र[2] आन बसा है
अब ज़िंदगी जंगल में मचानों पे रहेगी

मेहनत का हुनर जानने वाले ही इधर आएँ
ये बात रक़म खेत के दानों पे रहेगी

ऐ माह-ए-शब-ए-तार[3] मुझे इतना बता दे
क्या चाँदनी उन चंद घरानों पे रहेगी

जब हश्र तलक वस्ल के आसार न होंगे
उफ़्ताद बड़ी सोख़्ता-जानों पे रहेगी

अब तीर ही काम आएँगे इस दश्त-ए-दग़ा[4] में
अब आख़िरी तदबीर[5] कमानों पे रहेगी

7

हँस के यूँ साहिब-ए-जमाल गया
दिल से काँटा सा इक निकाल गया

इश्क़ पर इल्तिफ़ात[6] क्या होती
हुस्न हर बात कल पे टाल गया

जिस जगह रस्म-ए-अर्ज़-ए-हाल[7] न थी
दिल वहाँ सूरत-ए-सवाल गया

---

1. जंगल 2. सोना 3. अँधेरी रात का चाँद 4. छल का जंगल (संसार) 5. उपाय 6. कृपा
7. हाल कहने की रस्म

यूँ रम-ए-चश्म-ए-यार[1] था जैसे
ज़ेह्न को छेड़ कर ग़ज़ाल[2] गया

हाय वो ख़ंदा-ए-फ़िराक़-आमेज़[3]
ग़म के साँचे में दिल को ढाल गया

8

मुज़महिल[4] होने पे भी ख़ुद को जवाँ रखते हैं हम
एक सर है जिसपे सातों आसमाँ रखते हैं हम

हम गिरेबाँ-चाक लोगों को तही-दामन[5] न जान
ले क़िमार-ए-आशिक़ी[6] में नक़्द-ए-जाँ[7] रखते हैं हम

कोई तो आख़िर चला आएगा पुरसिश[8] के लिए
तू न आएगा तो मर्ग-ए-नागहाँ[9] रखते हैं हम

एहतिराम-ए-ग़म[10] से हैं सूखे जज़ीरों[11] की तरह
वर्ना इन आँखों में बह्र-ए-बेकराँ[12] रखते हैं हम

इश्क़ में ज़ौक़-ए-तकल्लुम[13] है हलाकत-ऑफ़रीं[14]
आरज़ू को एहतियातन बेज़ुबाँ रखते हैं हम

महवशों[15] के आरिज़ों[16] में देखते हैं अपना अक्स
अल्लाह-अल्लाह अपना साया भी कहाँ रखते हैं हम

---

1. प्रेमिका की आँख से भागा हुआ 2. हिरन 3. विरह के मारे की हँसी 4. शिथिल 5. वंचित 6. जुआ 7. प्राणधन 8. पूछ-ताछ 9. वो मृत्यु जो अचानक आ जाए 10. दुख का सम्मान 11. द्वीप (बहु.) 12. अपार समुद्र 13. बात करने की रसिकता 14. हत्या का संभावना 15. चाँद जैसी नायिकाओं 16. कपोल (बहु.)

लाख हों फैली हुई मंज़िल-ब-मंज़िल ज़ुलमतें[1]
साथ अपने मशअल-ए-हुस्न-ए-बुताँ[2] रखते हैं हम

9

इक शख़्स रात बंद-ए-क़बा[3] खोलता रहा
शब की सियाहियों में शफ़क़[4] घोलता रहा

तन्हाइयों में आती रही जब भी उसकी याद
साया सा इक क़रीब मेरे डोलता रहा

हुस्न-ए-बहार ख़ूब, मगर दीदा-ए-बहार
मोती चमन की ख़ाक पे क्यों रोलता रहा

उसने सुकूत[5] को भी तकल्लुम[6] समझ लिया
कुछ इस अदा-ए-ख़ास से दिल बोलता रहा

हिज्राँ[7] की रात मशग़ला-ए-दिल[8] न पूछिए
उस ज़ुल्फ़-ए-ख़म-ब-ख़म[9] की गिरह खोलता रहा

हम कुश्तगान-ए-ख़्वाब[10], गराँ-गोश[11] ही रहे
सूरज सरों पे वक़्त-ए-सहर बोलता रहा

उस राह-ए-जज़्ब[12] से भी गुज़रना पड़ा ज़हीर
जिस राह में ख़िरद[13] का क़दम डोलता रहा

---

1. अंधकार (बहु.) 2. सुंदरियों की मशाल 3. कुर्ते की घुंडी 4. लालिमा 5. मौन 6. वार्तालाप 7. विरह 8. दिल का काम 9. घुँघराले बाल 10. नींद के मारे हुए 11. बहरे 12. आकर्षण का रास्ता 13. बुद्धि

10

निशात-ए-दिल[1] का यहाँ कोई एहतिमाम[2] नहीं
सवाद-ए-शाम[3] में रौशन चराग़-ए-जाम[4] नहीं

बहार आई तो हर शाख़ अजनबी निकली
गुलों का आज चमन में कोई मुक़ाम नहीं

फ़राज-ए-दार[5] पे रहता है आशिक़ी का मिज़ाज
फ़क़त गुरूर-ए-निगाराँ[6] बुलंद बाम नहीं

रुकी-रुकी सी है ज़िंदाँ में वक़्त की रफ़्तार
नवैद-ए-सुब्ह[7] नहीं, इंतज़ार-ए-शाम नहीं

वो जिनके दिल में है ख़ुर्शीद-ए-आगही[8] की किरन
उन्हें शिकायत-ए-शब-हा-ए-तीरा-फ़ाम[9] नहीं

कुछ ऐसे लोग भी हैं ज़ेर-ए-दाम[10] मुद्दत से
शऊर[11] जिनका अभी तक असीर-ए-दाम[12] नहीं

ज़हीर हम तो हमेशा ही बे-मुक़ाम रहे
सगान-ए-दह्र[13] में अपना कोई मुक़ाम नहीं

11

अब है क्या, लाख बदल चश्म-ए-गुरेज़ाँ[14] की तरह
मैं हूँ ज़िंदा तेरे टूटे हुए पैमाँ की तरह

---

1. मन का आनंद 2. प्रयोजन 3. साँझ की कालिमा 4. शराब के पियाले का चराग़ 5. फाँसी की ऊँचाई 6. प्रेमिकाओं का अभिमान 7. सुबह की शुभ सूचना 8. ज्ञान का सूरज 9. अँधेरी रातों की शिकायत 10. जाल में फँसे हुए 11. विवेक 12. जाल का क़ैदी 13. समय के कुत्ते 14. घृणा भरी आँख

कोई दस्तक, कोई आहट, न शनासा[1] आवाज़
ख़ाक उड़ती है दर-ए-दिल[2] पे बियाबाँ[3] की तरह

तू मेरी ज़ात, मेरी रूह, मेरा हुस्न-ए-कलाम[4]
देख अब तू न बदल, गर्दिश-ए-दौराँ[5] की तरह

मैंने जब ग़ौर से देखा तो वो पत्थर निकला
वर्ना वो हुस्न नज़र आता था इंसाँ की तरह

अब मैं किस नाज़ पे कह दूँ कि इसे कर ले क़बूल
दिल तो सदचाक[6] है मुफ़लिस के गिरेबाँ की तरह

अभी कुछ कार-ए-मुहब्बत[7] है मुझे दुनिया में
ज़िंदगी ख़त्म न हो, सुहबत-ए-याराँ[8] की तरह

अपनी सूरत पे मुझे तेरा गुमाँ होने लगा
जब से तू आया नज़र मुझको मेरी जाँ की तरह

बर्क़[9] बन कर मेरे ख़िरमन[10] को जलाने वाले
तू ही बरसा था कभी अब्र-ए-बहाराँ[11] की तरह

अशआर

देखिए दस्त-ए-जुनूँ[12] आज कहाँ तक पहुँचे
गर्म है बहस-ए-गिरेबाँ तेरे दीवानों में

अगर तलाश-ए-हुस्न-ए-गुल है, आओ, शौक़ ने कहा
मगर जो चोट सह सको, इशारा-ए-बहार[13] था

1. परिचित 2. दिल का दरवाज़ा 3. जंगल 4. काव्य की सुंदरता 5. कालचक्र 6. धज्जी-धज्जी 7. प्रेम का कार्य 8. मित्रों की संगत 9. बिजली 10. खलियान (हरा-भरा मन) 11. वसंत की घटा 12. पागलपन का हाथ 13. वसंत का इशारा

दार[1] तो है इक हीला-ए-जलवा[2], दार से हमने देखा है
सुतवाँ जिस्म, गुलाबी चेहरा, चाल क़यामत, नर्म स्वभाव

दार-ओ-रसन[3] तअल्लुक़-ए-ख़ातिर[4] की बात है
वर्ना क़रीबतर था शबिस्ताँ[5] खुला हुआ

सुन लिया नाला-ए-जरस[6] हमने
उठ गया एतिबार मंज़िल का

---

1. फाँसी 2. दर्शन करने का बहाना 3. फाँसी और रस्सी 4. दिली लगाव 5. शयनागार 6. काफ़िले की घंटियों का आर्तनाद

जाज़िब क़ुरैशी

नाम : मुहम्मद साबिर। इनका जन्म 08 अगस्त, 1940 को कलकत्ता में हुआ। पिता, मुहम्मद अफ़ज़ल, अपने जमाने के मैट्रिक और कलकत्ता गवर्नमेंट प्रेस में सुपरवाइज़र थे। उनको गले का कैंसर होने पर लखनऊ और पटना में इलाज हुआ, लेकिन बच न सके। पिता की मौत के बाद परिवार लखनऊ आ गया। जाज़िब और उसका भाई एक हिंदू उस्ताद मूलचंद की दुकान पर ढलाई का काम सीखने लगे। जाज़िब लिखते हैं, "हम दोनों भाइयों की आमदनी से घर के ख़ाने-पीने में बाक़ायदगी तो आई ही, एक दिन वो भी आया कि हम एक हफ़्ते में पुराने कारीगरों से ज़्यादा पैसा कमाने लगे। लोग हमें हैरत से देखते और कहते कि ये दो ख़ूबसूरत बच्चे पेट की ख़ातिर किस तरह आग और लोहे के बीच पिघल रहे हैं। मैं भट्ठी के शोलों के आगे पसीने में डूब जाता तो अक्सर एक आवाज़ मुझे अंदर से पुकार कर कहती थी 'ये ज़िंदगी तेरी नहीं है। लिख-पढ़। कोई ऐसा काम कर जो तेरे बाद भी बाक़ी रह सके'।"

जाज़िब की रुलाई फूट पड़ती। वे आँसुओं के साथ-साथ भट्ठी के शोले दहकाते जाते। मगर कब तक? एक दिन पढ़ाई के शौक़ ने इतना जोर मारा कि अपने मामूँ के पास इलाहाबाद जा पहुँचे। मामूँ वहाँ टेनिस के कोच थे। उन्होंने वादा किया कि जाज़िब की पढ़ाई का इंतजाम कर देंगे। लेकिन उधर माँ को लगा कि अगर बेटा किताबों में रम गया तो घर की दाल-रोटी का प्रबंध कहाँ से होगा? वे बेटे को वापिस घर ले आईं।

इस बार जाज़िब रोजी की लोहाभट्ठी में लौटे तो उन्होंने अपने ख़ालाज़ाद भाई अब्दुल वाहिद का हाथ पकड़ा। वाहिद को शायरी का शौक़ था। वे मुशायरों में जाते, जाज़िब साथ लद लेते। वाहिद की सोहबत में जाज़िब ने लखनऊ के बहुत से मुशायरे सुने। अभी जाज़िब ने बाकायदा पढ़ाई शुरू नहीं की थी। लेकिन अक्सर ऐसा होता कि मुशायरों में कोई शायर पहला मिसरा पढ़ता और दूसरा मिसरा ख़ुद-ब-ख़ुद जाज़िब के ज़ेह्न में ऐसे फूटता जैसे गर्म लोहे पर हथौड़ा चलाते वक़्त हाथों में छाले।

"मुझे याद है कि पहली मई, 1950 को मैं अपने घर वालों के साथ लाहौर के लिए रवाना हो रहा था तो मुझे पाकिस्तान के बारे में कुछ पता नहीं था। लेकिन न जाने कौन मुझसे कहता था कि पाकिस्तान में ऐसे हालात होंगे जहाँ मेरे लिए तालीम के रास्ते खुल जाएँगे। लाहौर पहुँचने पर मुझसे कहा गया कि मैं कोई काम शुरू करूँ। लेकिन मैं तो पढ़ना चाहता था। सोच रहा था कि मुझे किस तरह अपने मक़सद की तरफ़ चलना है। एक प्रेस में काम सीखने जाने लगा। थोड़े ही दिनों में मुझे कम्पोजीटर की नौकरी मिल गई।"

जाज़िब की शायरी लाहौर, 1953 से शुरू होती है। दिन को प्रेस में काम करते, रात को ग़ज़लें लिखते। प्रेस के पास एक बुज़ुर्ग शायर, शाकिर देहलवी रहते थे जो साइल देहलवी के शागिर्द थे। जाज़िब ने पहले उन्हें कुछ ग़ज़लें दिखाईं, फिर गाहे-ब-गाहे साथ मुशायरों में जाना शुरू कर दिया। उन्हीं दिनों शौकत हाशमी उसे एक दिन रास्ते में मिले तो कहने लगे : "आप नौजवान हैं, मगर बूढ़ों की तरह लिखते हैं। अपने जज़्बों और तजुर्बों को लिखा करें और अगर संजीदगी से शायरी करनी है तो कुछ लिखना-पढ़ना भी सीखिए।"

हाशमी साहिब के इस बयान ने जाज़िब के बचपन की तमन्ना को ताज़ा कर दिया। उन्होंने अपनी शिक्षा की शुरूआत मौलाना मुहम्मद हुसैन आज़ाद की 'आब-ए-हयात' से की। शौकत हाशमी ने कड़ी मेहनत और धीरज से जाज़िब को क्लासिकल उर्दू शैली और लेखन की नज़ाकतें समझाईं। हाशमी साहब हैदराबाद दक्कन से थे। अरबी, फ़ारसी, अंग्रेज़ी और संस्कृत की समझ के साथ-साथ उर्दू में शेर भी लिखते थे। जब जाज़िब रोज़ कुछ लिखने-पढ़ने लगे तो हाशमी ने सलाह दी, "अब तुम मुशायरों में अकेले भी जा सकते हो, मगर किताबें पढ़ते रहो।"

जाज़िब दिन भर प्रेस में काम करता, शाम को एक प्राइवेट स्कूल में जाता और रात गए तक अफ़साने या शायरी की किताबें पढ़ता। "मुझे याद है कि मैं मैट्रिक की तैयारी में था कि मेरी वालिदा और भाई कराची चले गए। मैं लाहौर में अकेला रह गया, पर इम्तिहान दिये। पास हुआ तो मामूँ सबसे ज़्यादा ख़ुश थे। मैं ओरियन्टल कॉलेज, लाहौर का भी तालिब-ए-इल्म[1] रहा हूँ। मेरे क्लास-फैलोज़ में हबीब जालिब भी थे। ख़ाली पीरियड होता तो जालिब तरन्नुम से ग़ज़लें सुनाते और पढ़ाई का पीरियड लगता तो क्लास से बाहर भग लेते। एक बहुत ख़ूबसूरत लड़की उनका पीछा करती रहती थी। उन दिनों पंजाब में फ़ैज, नासिर काज़मी, मुनीर नियाजी, ज़फ़र इक़बाल, शकेब जलाली और साहिर सिद्दीक़ी का बड़ा नाम था। लाहौर के मुशायरों में ज़ेहरा निगाह और जिगर मुरादाबादी भी अक्सर शरीक होते और बहुत पसंद किए जाते।

1. विद्यार्थी

"1961 में मुझे पैसा कमाने का ख़ब्त[1] हुआ और मैंने असर नोमानी के साथ मिलकर लुहारी गेट के अंदर एक जनरल स्टोर खोला। असर नोमानी एक ज़माने में शेर लिखते थे, फिर जासूसी कहानियाँ लिखते-लिखते डाइजेस्टों के बादशाह बन गए। मगर एक बादशाह और एक फ़क़ीर, दोनों मिलकर भी, 'दिलकश स्टोर' को चला नहीं सके। वे दिन मेरे लिए बड़ी आज़माइशों के दिन थे। मैं अपनी छोटी सी दुकान के पटरे पर सोता। सुबह-सवेरे जमादार झाड़ू देने आता तो मेरी आँख खुल जाती। किसी आसपास की ख़ाने के बाद दुकान खोलकर बैठ जाता। नोमानी साहब दोपहर को आते और रात तक बैठते थे। लेकिन ये कारोबार कुछ महीने ही चल सका। ख़ासा नुकसान उठाना पड़ा।"

1962 में जाज़िब लाहौर छोड़कर कराची आ गए। कराची में उन्होंने पहली साहित्यक नौकरी की। साहित्यिक यूँ कि शम्स जुबैरी के डाइजेस्ट 'नक़्श' में अस्सी रुपये महीने पर चपरासी हो गए। अदबी माहौल से जुड़े रहने के चस्के में नासिर महमूद की 'निगारिश', अतहर सिद्दीक़ी की 'सात रंग' और तुफ़ैल अहमद जमाली की 'नमकदान' जैसी पत्रिकाओं में भी चपरासीनुमा क्लर्कियाँ की। 'नमकदान' में व्यंग्य लेखन के साथ-साथ टीचर्स ट्रेनिंग कोर्स करने के बाद सन् 1964 में जाज़िब को कराची की पंजाबी बिरादरी के देहली-मर्केन्टाइल-प्राइमरी-स्कूल में एक सौ पैंतीस रुपये की पहली पढ़ाने की नौकरी मिली। 1967 में उन्होंने एक तरफ़ अपनी फ़िल्म 'पत्थर के सनम' शुरू की, दूसरी तरफ़ उर्दू में एम.ए. के लिए कराची यूनिवर्सिटी में दाख़िला ले लिया।

उन्हीं दिनों जाज़िब की पहली मुलाक़ात अपनी होने वाली बीवी शहनाज़ की अम्मी से हुई जो उन्हें लखनऊ से जानती थीं। उनके शौहर की भी जाज़िब के अब्बू की तरह कैंसर से मौत हुई थी। वे ख़ुद दिल की मरीज़ा थीं और स्टेट बैंक की डिस्पेंसरी में कम्पाउंडर। लेकिन अपनी चारों बेटियों को अच्छे स्कूल में पढ़ा रही थीं। उन्होंने जाज़िब को घर बुलाया। वहाँ जाज़िब की पहली मुलाक़ात, फिर 25 दिसम्बर, 1964 को बड़ी बेटी शहनाज़ से शादी हो गई। अब तक वे प्राइमरी स्कूल से निकल कर सेकेंडरी स्कूल के टीचर बन चुके थे। एम.ए. का नतीजा आया तो उन्हें जिन्ना कॉलेज में लेक्चररशिप मिल गई। लेकिन कॉलेज छोड़ना पड़ा। वजह थी फ़िल्म। कॉलेज में लेक्चरर बनने से पहले जाज़िब ने एक फ़िल्म 'पत्थर के सनम' बनानी शुरू कर दी थी। शूटिंग के लिए उन्होंने एक हफ़्ते की छुट्टी चाही तो कॉलेज वालों ने मना कर दिया। जाज़िब ने शूटिंग न छोड़ी, कॉलेज छोड़ दिया। बड़ी आज़माइशों और तकलीफ़ों के बाद बनी फ़िल्म 1974

1. पागलपन 2. एक प्रकार का शोरबेदार गोश्त जिसे खमीरी रोटी से खाते हैं।

में रिलीज़ हुई और बाक्स-ऑफ़िस पर पिट गई। मेहनत के छह बरस और तीन लाख रुपये डूबे। इसी दौरान जाज़िब का एक बेटा भी चल बसा।

सन् 1973 में अपनी फ़िल्म के सिलसिले में जाज़िब का काफ़ी वक़्त लाहौर में गुज़रा। कराची में तो बाद में फ़िल्मी कार्रवाइयाँ शुरू हुईं, लेकिन तब बम्बई की तरह पाकिस्तानी फ़िल्मी दुनिया का केन्द्र लाहौर ही था। लाहौर में जाज़िब की फ़िल्म का सौदा तो न हुआ, लेकिन लाहौर के साहित्यकारों ने उन्हें हाथों-हाथ लिया। कई सालों तक फ़िल्म के कारण शायरी से कटे जाज़िब से फिर साहित्यिक गोष्ठियों में पढ़ने को कहा गया। उन्होंने पढ़ा और महसूस किया कि उनकी रचनाएँ बासी लगती हैं। सो 1974 से उन्होंने दुबारा, बाक़ायदा लिखना शुरू किया। उन्हें लगा कि उनका रास्ता कविता है, फ़िल्म नहीं।

1974 में जाज़िब ने एक बार फिर कॉलेज-लेक्चररशिप ढूँढनी शुरू की तो बड़ी मुश्किल हुई। कई दोस्तों ने मदद की। एक ने तो शिक्षा-मंत्री को ख़ुद अपने हाथ से उनकी दरख़्वास्त तक दी। लेकिन शायद वो लम्हा अभी नहीं आया था कि जाज़िब को दुबारा नौकरी मिले। आख़िर शबनम रूमानी उन्हें राजनीतिक नेता जी.ए. अल्लाना के पास ले गए। कुछ ही दिनों में नौकरी लगने की चिट्ठी आ गई। "मैं अपना एपायंटमैंट लैटर लेने अपने छोटे भाई ज़ाकिर के साथ जा रहा था। वहाँ मुझे सारी डिग्रियाँ दिखानी थीं। मैंने काग़ज़ात एक लिफ़ाफ़े में बंद कर फ़ाइल में रख दिये थे। फ़ाइल मेरे हाथ में दबी हुई थी। रास्ते में पाया कि मेरे हाथ में सिर्फ़ फ़ाइल रह गई है। लौट कर सारे रास्ते तलाश की। वो लिफ़ाफ़ा नहीं मिल सका। मैं सकते में आ गया। घर लौटकर, कमरे में सिर पर हाथ रखे, सारी रात सोचता रहा कि अब क्या होगा। जब तक सनदों की डुप्लीकेट मिलेगी, नौकरी हाथ से निकल जाएगी।

"सुब्ह किसी ने दरवाज़ा खटखटाया और ख़बर दी कि मेरे सर्टिफिकेट एक मोटर मैकेनिक के पास हैं। उसने वे काग़ज़ात किसी दूसरे आदमी से तीन हज़ार रुपये में ख़रीदे हैं। अगर मैं चाहूँ तो तीन हज़ार रुपये देकर वापिस ले सकता हूँ। मैं उसी वक़्त गया और खोया हुआ लिफ़ाफ़ा ले आया। एपायंटमैंट लैटर मिला तो देखा कि मुझे हैदराबाद रीजन में फेंक दिया गया है। फ़ैसलों की ये एक और नई उलझन। लेकिन मैं हैदराबाद चला गया। मेरी पोस्टिंग मीरपुर ख़ास में हुई। वहाँ मैंने बहुत अच्छा वक़्त गुज़ारा। तब से अब तक मेरे दो संकलन 'पहचान' और 'शनासाई' शाया हुए हैं।"

जाज़िब के आलोचनात्मक लेखों का संग्रह है, 'मैंने ये जाना'। इसके अलावा टी.वी., रेडियो, पत्रिकाओं, अखबारों के लिए भी लिखते रहे।

21 जून, 2021 को कराची में इनका निधन हो गया।

दरिया का रिज़्क़[1]

मुझे तो अल्हड़ सोहनी जैसी सिपुर्दगी अच्छी लगती है
जो मिट्टी के कच्चे घड़े को
पतवार बनाकर—
क़ातिल लहरों में उतर गई थी
मगर वो—
तो हर उजाले में
हर ख़ुशबू में
हर रंग में ज़िंदा है
अगर मैं सफ़र की धूप से डर जाऊँ
तो मुझे—
अपनी झूटी प्यास की सम्त पलट जाना चाहिए

धूप और परिंदा

वो जब मुझसे तन्हाई में मिलने आए
मैं उसको पहचान न पाऊँ
वो मेरे आँगन में
इक अनजाना मौसम देखे
आईनों के अक्स—

1. अन्न

शिकस्ता दीवारों की प्यास बढ़ाएँ
दो जिस्मों की ख़ुशबू इक परछाईं लिखे
जज़्बों की वहशी आवाज़ें शोर करें
काली आँधी जैसा जंगल घर में उतरे
चमकीले सूरज को इक आसेब[1] कहे
पिंजरे का ख़ुशरंग परिंदा
बरगद की छाँव से उड़कर
अपने परों पर धूप सजाए
और—
पिघल कर बे-चेहरा हो जाए

पहचान

मेरे चेहरे को ज़ख़्मी करो
मेरी आँखें बुझा दो
कि ये देखती हैं वही ख़्वाब
जो ज़र्द सहराओं में
बारिश-ए-रंग की ताज़ा तहरीर है

मेरे होंटों को पत्थर बना दो
कि ये तो हमेशा ही सच्चाइयों की अलामत रहे

मेरी आवाज़ को बेहिसी[2] के ख़लाओं[3] में लिखते रहो
ताकि बीमार ज़ेह्नों[4] में—
ज़िंदा ख़यालों की ख़ुशबू न पहुँचे कभी
और फिर—
झूट ओढ़े हुए बेहुनर[5]
अपने काले हिसारों[6] में उड़ते रहें

---

1. भूत-प्रेत 2. चेतना का अभाव 3. शून्य (बहु.) 4. बुद्धि (बहु.) 5. निर्गुण 6. परिधि (बहु.)

मेरे पैरों में ज़ंजीर डालो
कि मैं रौशनी के सफ़र में
तिलिस्मी उक़ाबों से लड़ कर भी ज़िंदा रहा
ये बदन वो बदन है
जो अँधेरों में रह कर अलाव की सूरत दहकता रहा
आँधियों में भी सूरज का मौसम महकता रहा

पहली महक

आज के रोज़—पिछले बरस
तूने पहले-पहल
प्यार की मुझसे पहचान माँगी
मेरे लब से लब को मिला कर कहा
तुम किसी वालिहाना[1] किरन की तरह मेरे अंदर उतर आए हो
तुम मेरे जिस्म की सबसे पहली महक लाए हो
और फिर—
मुझको यूँ एतिबार आ गया
जैसे कोई
हिजाबों[2] के सारे सनम तोड़ दे
दूरियों की फ़सीलें गिरा कर चले
क़ुर्बतों[3] के शिकस्ता[4] बंधन जोड़ दे

हिसार[5]

पत्थर की दीवार के नीचे
रेत की प्यासी गहराई में
सूरज का चमकीला सोना पिघल रहा है
जिसके गिर्द—

1. प्रेमियों जैसा 2. लाज (बहु.) 3. सामीप्य (बहु.) 4. टूटे हुए 5. परिधि

सफ़ेद, सुनहरे, काले, पीले, मटियाले साँपों की ज़ुबानें
हर ज़िंदा आहट को—
अपना रिज़्क़[1] बनाने की ख़्वाहिश में
शोला बन कर लपक रही हैं
कोई नहीं है जो आए
और—
साँपों के इन ज़ंजीरों से
सूरज को आज़ाद कराये

बुज़दिल

एक मग़रूर सी सरकश सी जवाँ सी लड़की
दिल के ख़ुश-रंग दरीचे में नज़र आती है
अपने चेहरे पे महकती हुई लट बिखराकर
मेरे तन्हाई के आँगन में उतर आती है

उसके सीने में धड़कते हैं कुछ ऐसे अरमाँ
फूल बनकर जो चटानों में खिले रहते हैं
उसकी ठहरी हुई पलकों की नई छाँव को
जिस्मो-जाँ अपने उजालों का सफ़र कहते हैं

वो अगर मेरे ख़यालों को पनाहें दे दे
राह की जो भी रुकावट है वो हट जाएगी
मेरी बाँहों से लिपट कर तो ज़रा देखे वो
फ़ासले की कोई दीवार हो, कट जाएगी

1. अन्न

ग़ज़ल

1

शिकस्ता अक्स था वो या ग़ुबार-ए-सहरा था
वो मैं नहीं था जो ख़ुद अपने घर में रहता था

अजीब शर्त-ए-सफ़र थी मेरे लिए कि मुझे
सियाह धूप में रौशन चराग़ रखना था

फ़सील-ए-संग[1] से मुझको उतारने आया
वो इक सितारा जो मैंने कभी न देखा था

न जाने कौन से मौसम में जी रहा था मैं
कि मेरी प्यास थी मेरी न मेरा दरिया था

शजर[2] की छाँव से बाहर है रिज़्क़[3] ताइर[4] का
वो साहिलों पे न ठहरा कभी जो प्यासा था

किसे पुकार रहा था मेरा अधूरापन
मैं गर्म रेत पे ताज़ा गुलाब रखता था

हज़ार कमसुख़नी दरमियाँ रही फिर भी
वो मुझे आन मिला था तो रंग बरसा था

मैं बुझ गया तो मेरे जिस्म-ओ-जाँ खुले मुझ पर
चराग़ और था कोई जो मुझमें जलता था

वो अपने घर में उजाला न कर सका जाज़िब
तमाम रात जो सूरज के ख़्वाब लिखता था

---

1. पत्थर की फ़सील 2. पेड़ 3. अन्न 4. पक्षी

2

टकरा रही हैं तेज़ हवाएँ चटान से
बाहर न जाओ अपने शिकस्ता मकान से

वो रात भर चराग़ की लौ देखता रहा
इमकाँ[1] तराश्ता है जो अपने गुमान[2] से

ज़ख़्म-ए-सफ़र है, धूप का सहरा है और मैं
दरिया तो साथ छोड़ गया दरमियान से

वो मौसम-ए-ख़िज़ाँ की थकन ही में जल गए
बाहर खिले जो फूल तेरे सायबान[3] से

इक उम्र हो गई है कि डरता रहा हूँ मैं
रौशन चराग़ से कभी अंधे मकान से

गहरे समंदरों में सितारा न था कोई
साहिल की शाम मिल न सकी बादबान[4] से

प्यासा अगर नहीं हूँ तो मिट्टी का रिज़्क़ हूँ
ज़िंदा हैं जिस्म-ओ-जाँ मेरी अपनी उड़ान से

दीवार आईने की है शीशे के बाम-ओ-दर[5]
लेकिन ग़ुबार उठता है मेरे मकान से

3

बहुत ग़म लाए हम शह्र-ए-गुमाँ[6] से
बदन पत्थर के चेहरे ख़ुँचकाँ[7] से

---

1. संभावना 2. भ्रम 3. छज्जा 4. पोतपट 5. खिड़की और दरवाज़े 6. भ्रम का शह्र 7. ख़ून टपकता हुआ

मेरा घर बट गया परछाइयों में
कोई सूरज न उतरा आसमाँ से

न जाने क्या अधूरापन था मुझमें
कि मैं टकरा गया संग-ए-गिराँ[1] से

अँधेरों का सफ़र देखू कहाँ तक
सितारा कब मिलेगा बादबाँ से

दुआ माँगी थी किसने बारिशों की
कि दरिया आ मिला मेरे मकाँ से

परिंदे धूप में पथरा न जाएँ
शजर तो जल गए आब-ए-रवाँ[2] से

तेरी ख़ुशबू तेरी चाहत तेरे ग़म
बचा लाया हूँ उम्र-ए-रायगाँ[3] से

चला हूँ धूप में और चाहता हूँ
कि तू मुझको पुकारे सायबाँ[4] से

4

वो लौट आएगा ये भी गुमाँ नहीं मुझमें
कि मुझमें धूप तो है सायबाँ नहीं मुझमें

ग़ुबार सा तेरी परछाइयों में उड़ता है
बहुत दिनों से मेरे जिस्म-ओ-जाँ नहीं मुझमें

---

1. भारी पत्थर 2. बहता हुआ पानी 3. निष्फल आयु 4. छज्जा

वो आईना है न वो अक्स है न वो चेहरा
ये क्या हुआ मेरा कोई निशाँ नहीं मुझमें

मैं अपने-आप में इक बेकनार मौसम हूँ
कोई ज़मीन कोई आसमाँ नहीं मुझमें

अदावतों का सफ़र है मगर उदास न हो
तेरे बिछड़ने का कोई गुमाँ नहीं मुझमें

मैं आँधियों में भी सूरज के रंग पढ़ता हूँ
तेरे बदन की महक रायगाँ[1] नहीं मुझमें

मुझे तो अंधी हवाओं के पार उतरना है
कोई सितारा कोई बादबाँ नहीं मुझमें

5

चराग़ अंधे हुए बीनाइयों[2] के
कि घर में रंग हैं परछाइयों के

शिकस्ता अक्स[3] मुझमें चीख़ते हैं
बहुत अरमान थे सच्चाइयों के

दरीचे[4] में नज़र आया वो चेहरा
कि मौसम आ गए रुसवाइयों[5] के

सफ़र की धूप तो ख़ुद सायबाँ थी
बदन पर ज़ख़्म हैं पुरवाइयों के

1. नष्ट 2. दृष्टि 3. प्रतिबिंब 4. खिड़की 5. बदनामी (बहु.)

मुँडेरों से कबूतर उड़ रहे हैं
कि साये हैं तेरी अँगड़ाइयों के

सितारा हो कि जुगनू हो कि आँसू
कई इमकान[1] हैं तन्हाइयों के

परिंदे क्यों पलट कर आएँ जाज़िब
शजर[2] तो कट गए अँगनाइयों[3] के

6

धूप हूँ साया-ए-दीवार से डर जाता हूँ
तुझसे मिलता हूँ तो कुछ और बिखर जाता हूँ

साहिलों पर मुझे आवाज़ न देना कोई
आग जिस सम्त लगी हो मैं उधर जाता हूँ

तू नहीं है तो ख़यालों के अजब मौसम हैं
जाने किस सोच में चलता हूँ ठहर जाता हूँ

आसमाँ-रंग समंदर है तआक़ुब[4] में मेरे
प्यास लगती है तो सहरा में उतर जाता हूँ

रूह जलती है बहुत, जिस्म पिघलता है बहुत
और मैं शह्र के जंगल से गुज़र जाता हूँ

किसकी आँखों ने मेरे अक्स पहन रक्खे हैं
ख़ुद से मिलना हो तो उस शख़्स के घर जाता हूँ

---

1. संभावना 2. पेड़ 3. आँगन (बहु.) 4. पीछा करना

दिन का सूरज हूँ कि मैं पारा-ए शब[1] हूँ जाज़िब अपने
उसलूब[2] में ता-हद्द-ए-सफ़र[3] जाता हूँ

7

हर सुबह को बुझ रहना हर शाम को जल जाना
कुछ सहल[4] नहीं अपने मौसम का बदल जाना

पहले तो दरख़्तों की छाँव में तेरा मिलना
फिर जलते हुए सहरा में दूर निकल जाना

तू ने गए लम्हों को ज़ंजीर किया कैसे
मुझको तो नहीं आया यूँ गिर के सँभल जाना

मुझमें तेरी चाहत ने क्या रंग बिछाए हैं
दरिया की तलब रखना और धूप में जल जाना

मैंने तेरी आवाज़ों के अक्स नहीं पहने
तूने मगर अपनी हर ख़्वाहिश को अटल जाना

फिर शोला-ए-जाँ ले कर आया हूँ हवाओं में
फिर उजड़े हुए घर को इक रंगमहल जाना

मिट्टी के बदन में हैं सूरज के नसब[5] वाले
मुमकिन नहीं बारिश में पत्थर का पिघल जाना

8

जो संगदिल हैं वही प्यार बन के आए हैं
शरर[6], गुलाब के लहजे में मुस्कुराए हैं

1. रात का टुकड़ा 2. आचरण 3. यात्रा की सीमा तक 4. आसान 5. वंश 6. चिंगारी

अजीब प्यार किया है कि उम्र-भर हमने
हिसार-ए-जाँ में शिकस्ता सनम सजाए हैं

किसी शजर की तरह जल रहे हैं हम जिनमें
वो साये भी तेरी दीवार ही के साये हैं

तेरे क़रीब रहे तो चट्टान बन के रहे
बिछड़ के तुझसे चले हम तो लड़खड़ाए हैं

वो कर्ब हमने लिखा है कि तुमने जिसके लिए
हरूफ़[1] तोड़ दिये हैं क़लम जलाए हैं

9

नज़र मिला के मुहब्बत से मुस्कुरा दीजे
शिकस्ता रंग उजालों को आसरा दीजे

ग़ुबार कटने लगे जिस्मो-जाँ महकने लगे
खड़ी हुई है जो दीवार वो गिरा दीजे

भटक न जाऊँ कहीं अजनबी अँधेरों में
बुझे-बुझे-से चराग़ों की लौ बढ़ा दीजे

किसी ने मुझको बहुत दूर से पुकारा है
वो आप ही तो नहीं हैं ज़रा बता दीजे

ग़ुबार-ए-दश्त[2] को ज़ंजीर की ज़रूरत है
मैं चाहता हूँ मुझे प्यार की सज़ा दीजे

---

1. अक्षर (बहु.) 2. जंगल की धूल

ज़ेहरा निगाह

ज़ेहरा निगाह का जन्म 14 मई, 1936 को हैदराबाद में हुआ। फ़ैज़ अहमद 'फ़ैज़' ने ज़ेहरा निगाह के संकलन 'शाम का पहला तारा' की भूमिका में बताया है कि "ज़ेहरा ने मुशायरा लूटने के तमाम गुर शायद छोटी-सी उम्र में साध लिये थे। वैसे अगर वे कोई गुर न सीखतीं तो भी उनकी सुरीली आवाज़ भर ही उन्हें मुशायरा-स्टार बना डालने के लिए काफ़ी थी।"

लेकिन जब मुशायरों के नक़्क़ारख़ाने में उनकी तूती बोल रही थी तब भी सुनने वाले उन्हें कुछ इस तरह दाद दिया करते थे कि ये दुबली-पतली-सी लड़की इतनी अच्छी शायरी कैसे कर सकती है, ज़रूर कोई बुज़ुर्ग लिखकर देते होंगे।

अगर ज़ेहरा की प्रारंभिक रचनाएँ देखें तो इस झूठे इल्ज़ाम पर यक़ीन करने को जी होने लगता है। मसलन :

कहाँ के इश्क़-ओ-मुहब्बत किधर के हिज्र-ओ-विशाल
अभी तो लोग तरसते हैं ज़िंदगी के लिए

या

हम जो पहुँचे तो रहगुज़र ही न थी
तुम जो आए तो मंज़िलें लाए

जैसे शेर उनकी शुरू की ग़ज़लों के हैं उनमें किशोर अल्हड़पन नहीं, प्रौढ़ संवेदना झलकती है।

ज़ेहरा उस मुशायराना दौर से बहुत जल्द गुज़र गईं। जिस तेज़ी से तालियाँ तोड़ने के गुर याद किये थे, उसी तेजी से उन्हें भूल गईं। सो वे काल्पनिक बुज़ुर्ग अगर अब तक ज़िंदा होते तो न जाने सरदार जाफ़री की ये बात पढ़कर ख़ुश होते या उदास कि "मैं ज़ेहरा निगाह को तब से जानता हूँ जब वो ज़ेहरा निगाह के नाम से मशहूर थीं। ये दोनों नाम उनकी शायरी की अलामतें[1] हैं। ज़ेहरा फूल है, और ज़ोहरा सितारा। गुज़िश्ता मुद्दतों[2] में उनकी शायरी का सफ़र आसमान

1. प्रतीक 2. पिछली अवधि

से ज़मीन की तरफ़ है। तमाम इलहामी किताबें[1] आसमान से ज़मीन पर उतरी हैं। अच्छी शायरी में भी एक इलहामी कैफ़ियत[2] होती है। वो शायरी जो आसमान से ज़मीन की तरफ़ आने के बजाय ज़मीन से आसमान की तरफ़ परवाज़ करने की कोशिश करती है, इंसानियत और शायरी का हक़ अदा करने से महरूम रह जाती है। ज़ेहरा ने अपनी शायरी का आग़ाज़ ग़ज़ल से किया था जिसमें जज़्बे और एहसास[3] की फ़रावानी[4] थी। लेकिन आहिस्ता-आहिस्ता शऊर की किरणें फूटीं और ज़ेहरा नज़्मों की तरफ़ माइल[5] हुई। इस शायरी में आज की बेचैन दुनिया की बेचैन रूह है।"

पहले लंदन में थीं। आजकल न्यूयॉर्क में रहती हैं।

1. ईश्वर की ओर से ग्रंथ 2. ईश्वर की ओर से हृदय में आई हुई बात 3. भावना और अनुभव 4. अधिकता 5. प्रवृत्त

मताए-अलफ़ाज़[1]

ये जो तुम मुझसे गुरेज़ाँ[2] हो मेरी बात सुनो

हम इसी छोटी-सी दुनिया के किसी रस्ते पर
इत्तिफ़ाक़न कभी भूले से कहीं मिल जाएँ
क्या ही अच्छा हो कि हम दूसरे लोगों की तरह
कुछ तकल्लुफ़ से सही ठहर के कुछ बात करें

और उस अर्सा-ए-अख़लाक़-ओ-मुरव्वत[3] में कभी
एक पल के लिए वो साअत-ए-नाज़ुक[4] आ जाए
नाख़ुन-ए-लफ़्ज़ किसी याद के ज़ख़्मों को छूए
इक झिजकता हुआ जुमला कोई दुख दे जाए

इस ख़मोशी के अँधेरों से निकल आएँ चलो
किसी सुलगे हुए लहजे से चराग़ाँ कर लें
चुन लें फूलों की तरह हम भी मताए-अलफ़ाज़
अपने उजड़े हुए दामन को गुलिस्ताँ कर लें

दौलत-ए-दर्द बड़ी चीज़ है इक़रार करो
नेमत-ए-ग़म बड़ी नेमत है ये इज़्हार करो

---

1. शब्दों की पूँजी 2. संकुचित 3. शिष्टाचार और शील संकोच के समय 4. कमज़ोर क्षण

लफ़्ज़ पैमान भी, इक़रार भी, इज़हार भी हैं
ताक़त-ए-सब्र अगर हो तो ये ग़म-ख़्वार भी हैं
हाथ ख़ाली हों तो ये जिंस-ए-गिराँबार[1] भी हैं
पास कोई भी न हो फिर तो ये दिलदार भी हैं

ये जो तुम मुझसे गुरेज़ाँ हो मेरी बात सुनो

अगर तुम कहो तो!

अगर तुम कहो तो
मैं वो सारी बातें हवाओं से कह दूँ
जो आँखों ही आँखों में हमने कही हैं
इशारों-इशारों में हमने सुनी हैं
कि ये आते-जाते हुए नर्म झोंके
हर इक रास्ते पर मेरी राह रोकें
कभी मेरे बालों से गजरा गिराकर
कभी मेरे शाने का पल्लू हिलाकर
मुझे इस तरह छेड़ते हैं कि जैसे
वो सब जानते हों

अगर तुम कहो तो
मैं अपनी फ़सुर्दा-दिली के फ़साने
उमड़ते हुए बादलों को सुना दूँ
फ़साने जो ख़ामोशियों ने सुने हैं
जिन्हें सुन के दीवार-ओ-दर रो दिये हैं
कि ये रस के रसिया
ये घनघोर बादल
छुपाए हुए अपनी अमृत की छागल

1. बोझ के नीचे दबी हुई चीज़

गरजकर डराकर
मेरे घर पे छाकर
मुझे इस तरह देखते हैं कि जैसे
वो सब जानते हों

अगर तुम कहो तो
मैं अपनी कहानी समंदर से कह दूँ
समंदर हमारे जुनूँ की अलामत[1]
समंदर हमारे सुकूँ का निशाँ भी
समंदर कि ताक़त भी, वुसअत[2] भी, माँ भी
जब ही तो समंदर के वीरान गोशे[3]
चट्टानों की पलकों के नमकीन क़तरे
वो 'ख़ुदरौ'[4] बबूलों के आज़ुर्दा[5] साये
चटख़ती ज़मीनों के मायूस चेहरे
मुझे इस तरह चाहते हैं कि जैसे
वो सब जानते हों

बनबास

सीता को देखे सारा गाँव
आग पे कैसे धरेगी पाँव

बच जाए तो देवी माँ है
जल जाए तो पापन
जिसका रूप जगत की ठंडक
अग्नि उसका दर्पण

---

1. चिह्न 2. विस्तार 3. कोने 4. अपने आप उगा हुआ 5. दुखी

सब जो चाहें सोचें समझें
लेकिन वो भगवान
वो तो खोट-कपट के बैरी
वो कैसे नादान
अग्नि पार उतर के सीता
जीत गई विश्वास
देखा दोनों हाथ बढ़ाए
राम खड़े थे पास
उस दिन से संगत में आया
सचमुच का बनबास

एहतिमाम-ए-शब-ए-उम्मीद[1]

आज फिर हलक़ा-ब-गोशों[2] में उठा है कुछ शोर
कोई हम जैसों पे माइल-ब-करम[3] है शायद

यास[4] की शाम ढली आस की किरनें फूटीं
फिर चमकने लगे अरमानों के सहरा में सराब
हर तसव्वुर ने दिये कितने फ़रेब आँखों को
सत्ह-ए-उम्मीद[5] पे फूटे कई गुंचों के हबाब[6]

फिर किसी याद के पहलू से उठा है कोई दर्द
फिर किसी दिल के दरीचे में सजी है धड़कन
हार फिर गूँथे गए प्यार भरी बातों के
फिर से महकाए गए हुस्न-ए-नज़र के गुलशन

फिर किसी माथे से उभरा है ख़म-ओ-पेच[7] का हुस्न
फिर से झलकी है निगाहों में किरन ख़्वाबों की

1. उम्मीद की रात का प्रयोजन 2. श्रद्धालु (बहु.) 3. दया की ओर प्रवृत्त 4. निराशा 5. उम्मीद का तल 6. बुलबुले 7. टेढ़े-मेढ़े

फिर किसी लब पे लरज़ता है किसी प्यार का बोझ
फिर किसी सीने में जागी है महक साँसों की

फिर से रौशन हुए राहों में भरोसों के चराग़
फूल की तरह बिखेरा गया उम्मीदों को
मख़मली फ़र्श बिछाने लगीं पलकें हर सू
ताकि जब आएँ करमगार[1] तो तकलीफ़ न हो

एहतिमाम-ए-शब-ए-उम्मीद बहम[2] होने लगा
दिल से अंदाज़ा-ए-ग़म और भी कम होने लगा

हम हैं ठुकराए हुए अपनी तमन्नाओं के
इक नज़र पाए तो अफ़साना बना लेते हैं
कोई करता है अगर प्यार भरी बात तो हम
शह्र के शह्र सितारों से सजा देते हैं

बुलावा

चलो उस कोह[3] पर अब हम भी चढ़ जाएँ
जहाँ पर जा के फिर कोई कभी वापस नहीं आता
सुना है इक निदा-ए-अजनबी[4] बाँहों को फैलाए
जो आए उसका इस्तिक़बाल[5] करती है
उसे तारीकियों में ले के आख़िर डूब जाती है
यही वो रास्ता है जिस जगह साया नहीं जाता
जहाँ पर जा के फिर कोई कभी वापस नहीं आता

जो सच पूछो तो हम-तुम ज़िंदगी भर हारते आए
हमेशा बे-यक़ीनी[6] के ख़तर[6] से काँपते आए

---

1. दयालु 2. मिलकर, एक साथ 3. पहाड़ 4. अजनबी आवाज़ 5. स्वागत 6. भय

हमेशा ख़ौफ़ के पैराहनों[1] से अपने पैकर[2] ढाँपते आए
हमेशा दूसरों के साये में इक-दूसरे को चाहते आए
बुरा क्या है अगर उस कोह के दामन में छुप जाएँ
जहाँ पर जा के फिर कोई कभी वापस नहीं आता

कहाँ तक अपने बोसीदा[3] बदन महफ़ूज़[4] रक्खेंगे
किसी के नाख़ुनों ही का मुक़द्दर जाग लेने दो
कहाँ तक साँस की डोरी से रिश्ते झूट के बाँधे
किसी के पंजा-ए-बेदर्द ही से टूट जाने दो
फिर उसके बाद तो बस इक सुकूत-ए-मुस्तक़िल[5] होगा
न कोई सुर्ख़रू[6] होगा, न कोई मुनफ़इल[7] होगा

समझौता

मुलायम गर्म समझौते की चादर
ये चादर मैंने बरसों में बुनी है
कहीं भी सच के गुल-बूटे नहीं हैं
किसी भी झूट का टाँका नहीं है

इसी से मैं भी तन ढक लूँगी अपना
इसी से तुम भी आसूदा[8] रहोगे
न ख़ुश होगे, न पज़मुर्दा[9] रहोगे

इसी को तान कर बन जाएगा घर
बिछा लेंगे तो खिल उठेगा आँगन
उठा लेंगे तो गिर जाएगी चिलमन

---

1. वस्त्रों 2. शरीर 3. फटे-पुराने 4. सुरक्षित 5. चिरस्थायी मौन 6. सफल 7. लज्जित 8. संतुष्ट 9. उदास

आज ग़मगीं नहीं हैरान हैं हम

आज की रात बहुत बोझल है
कोई बतलाओ कि ये कैसे कटे!

ख़ुश्क हैं आँखों के चशमे सारे
तश्ना-सामानी[1] की हद होती है
अब किसी ध्यान का साया भी नहीं
ख़ाना-वीरानी[2] की हद होती है

हमने पहले तो सुना था कि ये वक़्त
तारे गिन लो तो गुज़र जाता है
हर वो लम्हा जो ठहर जाने को हो
बात कर लो तो बिखर जाता है

आज ग़मगीं नहीं हैरान हैं हम
राज़ इस दर्द का खुलता ही नहीं
ऐसी उजड़ी है गुज़रगाह-ए-ख़याल[3]
कैसी मंज़िल कोई रखता ही नहीं

आज की रात गुज़ारें कैसे?
सुबह तक जानिए क्या-क्या हो जाए
जिससे एहसास की लौ लरजाँ[4] है
वो तसव्वुर[5] न परीशाँ हो जाए

---

1. प्यास 2. भाग्यहीनता 3. कल्पना का पथ 4. थरथराती हुई 5. कल्पना

वीयतनाम

(जंग के दौरान पलने वाले बच्चे का गीत)

जब से मेरी आँख खुली है
मैंने अपनी इस दुनिया में
आग बरसती ही देखी है
ख़ंदक़ की इस गोद में मैंने
जीना सीखा, रहना सीखा
हर दुख-दर्द को सहना सीखा
जब से मैंने कहना सीखा
मेरे लबों से ये निकला है
मेरी बस्ती पर छायी ये छत आख़िर कब नीली होगी
कब इसमें तारे चमकेंगे
और कब दूध-से बादल जो मैं सोचूँगा वो बन जाएँगे
और कब रौशन धूप के ज़र्रे मेरी मुट्ठी में आएँगे
कब खेतों में दौड़ के मैं भी हवा के झोंकों को चूमूँगा
और कब शाम की ठंडक को मैं अपने हाथों से छू लूँगा
मैंने सुना है

मुझको यक़ीं है

इस दुनिया में सूरज, चाँद, हवा पर कोई क़ैद नहीं है

ये मसनूई मौसम

ये मसनूई[1] मौसम शब-ओ-रोज़ मुझ पर
गुज़रते रहे हैं, गुज़रते रहेंगे
मशीनों से दर आने वाली ये गर्मी, ये सर्दी

1. बनावटी

मुझे ज़िंदा रक्खे हुए है
हज़ारों सरों पर लटकता हुआ बेश-क़ीमत ये पिंजरा
मुझे हर घड़ी ये समझाता रहेगा
यहाँ साँस लेने की क़ीमत बहुत है

क़ुर्ब[1] की गर्मियाँ
ज़ेह्न में हलकी-हलकी-सी लौ देने वाले अलाव
ख़्वाहिशों के चमकते हुए जुगनुओं के दिये
एक हर्फ़-ए-तसल्ली[2] की ठंडक
मद्धम लफ़्ज़ की कोई ख़ुनकी
मुश्क-ए-लब से महकता हुआ कोई झोंका

कैसे नायाब हैं
अब सभी ख़्वाब हैं
अब सभी ख़्वाब हैं

ग़ज़ल

1

ये उदासी ये फैलते साये
हम तुझे याद कर के पछताए

मिल गया था सुकूँ निगाहों को
की तमन्ना तो अश्क भर आए

गुल ही उकता गए हैं गुलशन से
बाग़बाँ से कहो न घबराए

---

1. सामीप्य 2. सांत्वना का अक्षर

हम जो पहुँचे तो रहगुज़र ही न थी
तुम जो आए तो मंज़िलें लाए

जो ज़माने का साथ दे न सके
वो तेरे आस्ताँ[1] से लौट आए

बस वही थे मता-ए-दीदा-ओ-दिल[2]
जितने आँसू मिज़ा[3] तलक आए

2

हर ख़ार[4] इनायत[5] था, हर इक संग[6] सिला[7] था
इस राह में हर ज़ख़्म हमें रहनुमा[8] था

क्यों घिर के अब आए हैं ये बादल, ये घटाएँ
हमने तो तुझे देर हुई—याद किया था

ऐ शीशा-गरो[9], कुछ तो करो—आईना ख़ाना[10]
रंगों से ख़फ़ा[11], रुख़[12] से जुदा यूँ न हुआ था

उन आँखों से क्यों सुबह का सूरज है गुरेज़ाँ[13]
जिन आँखों ने रातों में सितारों को चुना था

3

ख़ुश जो आए थे पशेमान गए
ऐ तग़ाफ़ुल[14] तुझे पहचान गए

---

1. चौखट 2. आँख और दिल की पूँजी 3. पलक 4. काँटा 5. कृपा 6. पत्थर 7. इनाम 8. पथप्रदर्शक 9. शीशे बनाने वालो 10. शीशा घर 11. नाराज़ 12. चेहरा 13. संकुचित 14. उपेक्षा

ख़ूब है साहिब-ए-महफ़िल की अदा
कोई बोला तो बुरा मान गए

उसको समझे कि न समझे लेकिन
गर्दिश-ए-दह्र[1] तुझे जान गए

उस जगह अक़्ल ने धोके खाए
जिस जगह दिल तेरे फ़रमान गए

तेरी एक-एक अदा पहचानी
अपनी एक-एक ख़ता मान गए

कोई धड़कन है, न आँसू, न उमंग
वक़्त के साथ ये तूफ़ान गए

6

छलक रही है मय-ए-नाब[2] तश्नगी के लिए
सँवर रही है तेरी बज़्म बरहमी[3] के लिए

नहीं नहीं हमें अब तेरी जुस्तजू[4] भी नहीं
तुझे भी भूल गए हम तेरी ख़ुशी के लिए

जो तीरगी में हुवैदा[5] हो क़ल्ब-ए-इंसाँ[6] से
ज़िया-नवाज़[7] वो शोला है तीरगी के लिए

कहाँ के इश्क़-ओ-मुहब्बत, किधर के हिज्र-ओ-विसाल
अभी तो लोग तरसते हैं ज़िंदगी के लिए

1. काल-चक्र 2. निर्मल मदिरा 3. अस्त-व्यस्तता 4. तलाश 5. प्रकट 6. मनुष्य का हृदय
7. रौशनी देने वाला

जहान-ए-नौ[1] का तसव्वुर, हयात-ए-नौ[2] का ख़याल
बड़े फ़रेब दिये तुमने बंदगी के लिए

मय-ए-हयात[3] में शामिल है तल्ख़ी-ए-दौराँ[4]
जभी तो पी के तरसते हैं बेख़ुदी के लिए

5

बैठे बैठे कैसा दिल घबरा जाता है
जाने वालों का जाना याद आ जाता है

बातचीत में जिसकी रवानी मसल[5] हुई है
एक नाम लेते में कुछ रुक-सा जाता है

हँसती-बसती राहों का ख़ुशबाश[6] मुसाफ़िर
रोज़ी की भट्टी का ईंधन बन जाता है

दफ्तर-मंसब[7] दोनों ज़ेह्न को खा लेते हैं
घर वालों की क़िस्मत में तन रह जाता है

अब इस घर की आबादी मेहमानों पर है
कोई आ जाए तो वक़्त गुज़र जाता है

6

अपना हर अंदाज़ आँखों को तरो-ताज़ा लगा
कितने दिन के बाद मुझको आईना अच्छा लगा

---

1. नया संसार 2. नवजीवन 3. जीवन की मदिरा 4. काल की कटुता 5. कहावत 6. बेफ़िक्री से जीवन व्यतीत करने वाला 7. पद

सारा आराइश[1] का सामाँ मेज़ पर सोता रहा
और चेहरा जगमगाता, जागता, हँसता लगा

मलगजे[2] कपड़ों पे उस दिन किस ग़ज़ब की आब[3] थी
सारे दिन का काम उस दिन किस क़दर हलका लगा

चाल पर फिर से नुमायाँ था दिल-आवेज़ी[4] का ज़ोम[5]
जिसको वापस आते-आते किस क़दर अरसा लगा

मैं तो अपने आपको उस दिन बहुत अच्छी लगी
वो जो थक कर देर से आया, उसे कैसे लगा!

7

क़ुर्बतों[6] से कब तलक अपने को बहलाएँगे हम
डोरियाँ मज़बूत होंगी, छूटते जाएँगे हम

तेरा रुख़ साये की जानिब, मेरी आँखें सू-ए-महर[7]
देखना है किस जगह, किस वक़्त मिल पाएँगे हम

घर के सारे फूल हंगामों की रौनक़ हो गए
ख़ाली गुलदानों से बातें कर के सो जाएँगे हम

अधखुली तकिये पे होगी, इल्म-ओ-हिकमत[8] की किताब
वसवसों[9], वहमों के तूफ़ानों में घिर जाएँगे हम

उसने आहिस्ता से ज़ेहरा कह दिया दिल खिल उठा
आज से इस नाम की ख़ुशबू में बस जाएँगे हम

---

1. शृंगार 2. मले-दले 3. चमक 4. सौंदर्य 5. घमंड 6. सामीप्य (बहु.) 7. सूरज की ओर 8. ज्ञान-विज्ञान 9. बुरी शंका (बहु.)

अशआर

कौन इस राज़ के चेहरे से उठाएगा नक़ाब
रात सर धुनती है टूटे हुए तारे के लिए

आ ही जाता है ज़माने में इक ऐसा हंगाम
मौज-ए-तूफ़ाँ भी तड़पती है किनारे के लिए

निशान-ए-लाला-ओ-गुल[1] तुम मिटा नहीं सकते
चमन में आग लगी थी कि आ गई बरसात

कब तक जाँ को ख़ाक करोगे, कितने अश्क बहाओगे
इतने महँगे दामों आख़िर कितना क़र्ज़ चुकाओगे

कल ये समंदर ख़ुश्क हुआ तो, तर्ज़-ए-नदामत[2] क्या होगी
कल ये सहरा गर्द हुआ तो कौन-से रस्ते जाओगे

सब्र-ओ-ज़ब्त[3] के ले कर बेशुमार नज़राने
तेरी याद आई थी आज दिल को समझाने

तुमने बात कह डाली कोई भी न पहचाना
हमने बात सोची थी बन गए हैं अफ़साने

यही मत समझना तुम्हीं ज़िंदगी हो
बहुत दिन अकेले भी हमने गुज़ारे

दर्द जब तल्ख़ी-ए-हालात[4] में ढल जाता है
इक दिया दिल के लिए और भी जल जाता है

---

1. फलों के निशान 2. पछतावे का ढंग 3. धैर्य और सहन 4. हालात की कटुता

टूट जाते हैं अँधेरे में उजाले के लिए
शब को तारों का भी अंदाज़ बदल जाता है

मैं बेतलब नहीं हर साँस को सवाल समझ
कि माँगना मुझे अलफ़ाज़[1] से नहीं आता

कड़े सफ़र में मुझको छोड़ देने वाला हमसफ़र
बिछड़ते वक़्त अपने साथ सारी धूप ले गया

---

1. शब्द (बहु.)

निगार सहबाई

निगार सहबाई का जन्म 07 अगस्त, 1926 को नागपुर में हुआ। "सन 1943 में दूसरी जंग-ए-अज़ीम[1] अपनी इंतिहा को छूकर लौटने वाली थी। मैं तालीम हासिल करने के लिए अपना शह्र नागपुर छोड़कर मदरसा-ए-आज़म मद्रास में हाई स्कूल की पहली सीढ़ी पर पहुँच चुका था। मेरे मकान के क़रीब मिलिट्री बैरेस में कुछ सिपाही देहली के रहने वाले थे। मद्रास में मुक़ामी बाशिंदे[2] तमिल या अंग्रेज़ी बोलते थे। सिर्फ़ वहाँ के मुसलमानों की भाषा उर्दू थी जिसे दक्कनी उर्दू कहते हैं। देहली के सिपाही भाषा के रिश्ते से मुसलमानों में घुल-मिल गए। उन लोगों में कुछ शायर भी थे। बातों-बातों में पता चला कि वे अपनी हफ़्तावार छुट्टी की शामें में मुशायरों में गुज़ारना चाहते हैं। मैं उनमें से दो लोगों को ले कर घर आया और अपने मामूँ अब्दुल वहाब साहिब से उनका परिचय कराया। मेरे मामूँ के वालिद यानी मेरे नाना देहली के रहने वाले थे। उन लोगों से मिलकर वे बहुत ख़ुश हए।

"अब ये लोग रोज़ाना मेरे मामूँ के मकान पर आ बैठते। शेर कहने और शेर समझने के विषय पर लम्बी बातचीत होती। इस बातचीत ने मेरे शौक़ को जगाया और सोने में सुहागा मेरे मामू की सरपरस्ती बनी। मेरे मामूँ बहुत अच्छी फ़ारसी जानते थे और अल्लामा इक़बाल की फ़ारसी शायरी को बहुत पसंद करते थे। मेरे लिए वे मुहब्बत, शफ़क़त[3] और मालूमात[4] का एक समंदर थे। किसी मुशायरे में जाने से पहले मुझ पर ये फ़र्ज़ था कि दोज़ानूँ[5] हो कर उनके सामने ग़ज़ल इस तरह तरन्नुम से सुनानी पड़ती थी जैसे भरे मुशायरे में सुनाई जा रही हो।"

मदरसा-ए-आज़म के पास एक नदी बहती थी जिसके किनारे अनगिनत नीम के घने पेड़ थे। उन्हीं पेड़ों की छाँव में विलायत से फ़लसफ़े की तालीम पूरी करने के बाद हैडमास्टर बने अब्दुल कादिर साहिब से निगार सहबाई ने रवीन्द्रनाथ ठाकुर की 'गीतांजलि' के अर्थ समझे। प्रोफ़ेसर गुलाम मुहीउद्दीन ने उसे 'मुसद्दस-ए-हाली' पढ़ाई और शागिर्द का शायराना झुकाव देखकर तख़ल्लुस[6]

---

1. विश्वयुद्ध 2. निवासी 3. स्नेह 4. जानकारी 5. घुटनों के बल बैठ कर 6. उपनाम

तजवीज़[1] किया। अक्तूबर 1947 में निगार पाकिस्तान आ गए और तब से आज तक कराची में हैं।

निगार सहबाई उर्दू के गीतकार हैं। उर्दू में गीत लिखने की रिवायत[2] मीठे और रंगीन हिंदी अलफ़ाज़ की देन है। सलीम अहमद ने आपत्ति उठाई है कि "गीत लिखने वाले पूरी ज़िंदगी और पूरे तजुर्बे को पेश करने के बजाय चंद मख़सूस[3] तर्जुबात[4] को अलग कर, उन्हें हलके-फुलके अंदाज़ में पेश करते हैं। इसलिए उर्दू गीतों को कभी संजीदा तख़लीक़[5] का दर्जा नहीं दिया गया।"

सलीम अहमद के एतराज़ से मैं सर्जनात्मक स्तर पर तो सहमत नहीं हूँ। लेकिन उर्दू गीतकार नासिर शहज़ाद और ख़ासकर निगार सहबाई के गीतों को पढ़ते हुए कई बार मुझे ऐसा ज़रूर लगा है कि जैसे हिंदुस्तान में 'इश्पीडली' अंग्रेज़ी (भले ही ग़लत-सलत) बोलने वालों का ख़ासा खौफ़ रहता है, वैसे ही पाकिस्तान में हिंदीनुमा भाषा में तथाकथित गीत लिखने वालों को मंदिर का सिकंदर समझा जाता है, भले ही उनके संदर्भच्युत रूपक ऊल-जलूल हों, प्रवाह सड़ियल, छंद बेतुक और भावकुता अधकचरी।

बहरहाल, उर्दू में हिंदी शब्दावली से भरपूर और हिंदू प्रतीकों का प्रयोग किये बिना भी, अमीर ख़ुसरो के ज़माने से गीत लिखे गए हैं और जम कर लिखे गए हैं। मसलन, अल्लामा आरज़ू लखनवी ने उर्दू गीतों को एक नई लय और भावनाओं का भंडार दिया था। उनके गीत फ़िल्मों की ज़रूरत से पैदा हुए थे और उन्हीं सीमाओं में अपना जादू जगाते रहे। एक ज़माने में हिंदुस्तान के बच्चे-बच्चे ने ये गीत सुने और गाए। आरज़ू लखनवी की शैली में निगार सहबाई ने भी पहल प्रचलित शैली में हलके-फुलके गीतों से की। लेकिन उसकी रचनाएँ जल्द ही 'जादूगर सैयाँ, छोड़ मेरी बैयाँ, अब घर जाने दे' के स्तर से तब ज़रा सी अलग हो गईं, जब अचानक उसे 'दर्पण पार के दर्शन' नज़र आने लगे। उसने हिंद-ईरानी रिवायत को भक्ति परंपरा से मिला दिया। उसके गीतों की भाषा, शैली, प्रारूप परंपरागत उर्दू कविता से अलग हो गए।

निगार सहबाई ने गीतों का रास्ता कैसे चुना?

"सलीम अहमद, जो शायर भी हैं और नक़्क़ाद[6] भी ने मेरी शायरी का रुख़ गीत की तरफ़ मोड़ दिया। एक बार जब मैं सलीम अहमद को अपनी 1944 से 1955 तक कही हुई सारी नज़्में, ग़ज़लें और क़तआत सुना चुका तो उन्होंने सिर्फ़ एक बात कही कि, "ग्यारह साल की सारी शेरी काविश[7] में मेरी कहीं

---

1. सुझाया 2. परंपरा 3. विशेष 4. प्रयोग (बहु.) 5. रचना 6. आलोचक 7. काव्यात्मक चिंता

निगार सहबाई से मुलाकात नहीं हुई। लेकिन यहाँ-वहाँ उसकी जो झलक मिली वो गीत के रूप में।" मैंने सलीम अहमद की ये राय ख़ुशी से मानकर अपनी ग्यारह साल की सारी शायरी रद्द कर दी और गीत के सफ़र पर रवाना हुआ। 1955 में मैंने गीत का पहला मिसरा लिखा :

पवन के रथ पर बैठकर आए, सावन-भादों मेरे द्वार

"जब मेरे कराची के पुराने दोस्त क़मर जमील ने भी रेडियो पाकिस्तान के लिए गीत लिखने की दावत दी तो मैंने गीत को मुकम्मल[1] तौर पर अपना लिया।"

निगार सहबाई के गीतों के संकलन हैं—'जीवन-दर्पण' (1963) 'मन-गागर' (1978)।

08 जनवरी, 2004 को कराची में इनका निधन हो गया।

1. पूरी

गीत

1

टूटे नींद झकोले रुत के जैसे मन में जागे प्यार
छम-छम-छम उतरी परबत से बरखा रुत की शीतल नार

धान लगाऊँ साजन के संग मैं जो क्यारी-क्यारी में
सपने तितली बन कर घूमें नैनों की फुलवारी में
बिगड़े ठाठ बनेंगे सारे जीवन-बीन के बोलें तार

चढ़ता सूरज ढलता चंदा हर कोंपल में रंग भरे
पलटी काया रुत भी बदली खेत मेरे परवान चढ़े
ये मेरी आशा के पौदे ये जीवन का रूप-सिंघार

खेतों पर लहराती जाए दूर-दूर तक धूप और छाँव
मेरे ध्यान में जीवन-सुख का जाग उठा अलबेला गाँव।
ऐसा गाँव कि जिसकी धरती हर बासी की पालनहार

2

निर्मल नटखट चंचल गोरी नैन से नैन मिलाए
हमरी सुध बिसराए

जूड़े के हाले[1] में कलियाँ, फिर मतवाली चाल
जैसे सिर पे मालिन लाई फूलों का इक थाल
रूप वो जैसा चाहे धारे उसको क्या न सुहाए

---

1. घेरा

कहना चाहे कही न जाए मन की मीठी बात
लाज के आगे चंचलता की हो जाती है मात
पग-पग पर झेंपे है पगली फिर भी धीर बँधाए

अंग चुराए पास से गुज़रे मुझे कहे चितचोर
पल-छिन में सौ दर्पण बदले मन की बड़ी कठोर
हर दम आन दिखाने वाली कैसे सीस नवाए

3

फागुन की ये शाम सुहानी गीत सुनाती जाए
डूब रहा है सूरज जैसे मेहंदी कोई छुड़ाए
हौले-हौले पवन गली में फूल बिछाती जाए
महुवे की डाली पर बैठा पंछी तान उड़ाए
इक अलबेली मालिन लाई चंदन-फूल के हार
हाथों में गजरे पहनेगी कोई छबीली नार
इक दूजे के जूड़े में सखियों ने फूल लगाए
दूर किसी महुवे के नीचे बंसी कोई बजाए
पायल की छुन-छुन में गोरी पिया मिलन को जाए
सखियाँ मोहे छेड़ रही हैं तोहे न कोई बुलाए
मेरे जूड़े की कलियाँ भी बन गईं खिल कर फूल
आए नहीं तुम जाने कैसी हो गई मुझसे भूल
फूल-सा कोमल-कोमल मुखड़ा आँचल में कुम्हलाए

4
(चिंता रस)

हज़रत अली का क़ौल :
एक वो रिज़्क़ है तुम जिसकी तलाश में फिर रहे हो
और एक वो रिज़्क़ है जो तुम्हें ढूँढता फिर रहा है

इक अन्न ऐसा मैं जिसे ढूँढूँ
इक अन्न ऐसा जो मुझे ढूँढे
ये कैसा गोरखधंदा है

उड़ते बादल के जल-दर्पण
दिखा गए हैं लुटा गए हैं
छुपे गगन अनदेखे जोबन
बादल पुरवा जब भी मिले हैं
छज्जे पर क्या फूल खिले हैं

मैं जिस पेड़ तले बैठा हूँ
वो तो जल बिन हरा-भरा है
ये कैसा गोरखधंदा है

धूप का मारा पवन का झोंका
तेरी गली के मोड़ पे बैठा
हाँप रहा है
बंद हैं कब से तेरे किवाड़े
कौन तुझे मिलने आया है
ये कैसा गोरखधंदा है

मैं जिस मनुष्य को ढूँढ रहा हूँ
वो भगवन को ढूँढ रहा है
मैं अंधा हूँ वो अंधा है
भगवन तू क्या ढूँढ रहा है
ये कैसा गोरखधंदा है

इक अन्न ऐसा मैं जिसे ढूँढूँ
इक अन्न ऐसा जो मुझे ढूँढे

5
(चिंता रस)

बूँद में भी नदी बह रही है
कौन लिक्खे कि मत फिर गई है

भाव क्यों यूँ दिखाते हो अपने
देखे कालिख़ भी ख़ुशबू के सपने
ऐसी ख़ुशबू कि मन बोलता हो
भेद रंगों के सब खोलता हो
ये कथा अनसुनी अनकही है
कहने वाले को चुप लग गई है

तूने फागुन में मिलने कहा था
अब के महुवे का बन भी न महका
बोझ आँधी के सहता रहूँगा
तेरे रस्ते में बैठा रहूँगा
बाँसुरी से मेरी लय मिला दे
मेरे जंगल में मंगल मना दे
देख आशा से आशा बँधी है
मेरी मिट्टी में जूती दबी है

पाप में भी तेरा रूप ढूँढूँ
तेरी ख़ुशबू से अपना पता लूँ
फूल बनकर जहाँ भी खिला हूँ
अपनी साँसों में तुझ से मिला हूँ
जाल बुनती हुई साँस पूछे
कितने दिन हैं घरौंदे हवा के
एक मैं हूँ मुझे क्या कमी है
एक तू है तुझे क्या पड़ी है

6
(चिंता रस)

एक तरह के फूल खिलाए अब के रुत ने हर आँगन में
एक कुम्हार जो खो गया बन में आज मिला टूटे बर्तन में

बीते दिन की याद है सपना आने वाला दिन भी सपना
किन सपनों के बीच खड़ा हूँ पानी सपना मिट्टी सपना
अब तो तवा भी हँस नहीं सकता घर का चूल्हा बुझ गया होगा
आस का छज्जा गिर गया होगा सर से साया उठ गया होगा
मैं हूँ मूरख तू पागल है मैं हूँ घर में तू है बन में
घायल-घायल लय बंसी की क्या-क्या गुण होंगे बिरहन में

आधी रात को चुप-चुप तन्हा जलने वाला दीपक सोचे
जुग और पल जब साथ खड़े हों लोग सफ़र करते हैं कैसे
आँख से आँख का मिलना कैसा जो नैनन में वो दर्पण में
सोच-डगर के सूखे पत्ते उड़कर क्या चमके हैं गगन में

दो पूरब हैं दो पच्छिम हैं दो आकाश तले इक जग है
मेरे आगे दो दर्पण हैं दोनों में परछाईं अलग है
मन-आकाश पे ध्यान-धनक से जब भी शाम हुई है सुंदर
भेद खुला है पनिहारिन पर तू ही गागर तू ही सागर
एक गली के मोड़ पे तुझको मैंने देखा था बचपन में
जाने अब किस मोड़ पे है तू फूल खिले किसके जीवन में

7
(प्रेम भवन)

तोरी पिचकारी में सारे रंग हैं मेरे
खेलो सौतन के संग होली मोरे सजन

ये तो मानो कि रख ले है मनवा भरम
जाओ-जाओ न परखो कठिन है धरम
जिसका मिट्टी की ख़ुशबू से जीवन बँधा
उसको ले के चली कहाँ चातुर पवन

कोरे-कोरे कटोरों में रंग घोल दो
आ के फिर मोरी अँगिया के बंद खोल दो
फिर बुलाए है गीतों की अँगनाई में
बन के चम्पा की डाली सुहागन बदन

सच में डूबे जो अंग रुत का जोबन बढ़े
रात आ कर मेरे नैन काजल भरे
गर्म होंटों की माथे पे बिंदिया लिये
तोरी पूजा में मन से न बढ़ जाए तन

8

मेरे यारों के घर जाकर
क्या-क्या धूम मचाती है
उड़ती धूल किवाड़ से टिककर
गीत मेरा सुन जाती है

अजब सुगंध है बहते जल में
थाह में कैसे फूल खिले
पेड़ के नीचे ओ परदेसी
किसके नाते किससे मिले
याद के छज्जे रूप घरौंदे
रुत सब कुछ ढह जाती है
समय पलट के फिर नहीं आता
पुरवा लौट के आती है

अपने आप ही जल उठते हैं
मेरे हाथ पे दीपक-से
मैं किस कुएँ में झाँक रहा हूँ
डूबने वाले कैसे थे
जल गई आधी छत तो हुआ क्या
आधे घर में बुलाती है
कथा न लिखना बुरी बला है
ये पीछे लग जाती है

लय को सौ-सौ ढंग से सँवारे
बंसी में क्या रक्खा है
गीत नहीं है एक झपक है
बरसों जिसको सोचा है
इतने दीप हैं गिन नहीं सकता
पुरवा सर टकराती है
घर के किवाड़े चुन देगा वो
बात अगर बढ़ जाती है

9
(प्रेम भवन)

आँख पे फूल की पट्टी बाँधे
किसके साथ चला हूँ बरसों
किसके नैन का काजल बन कर
मन दर्पण में रहा हूँ बरसों

रस्तों में थे फूल हज़ारों
मेरा सूरजमुखी था कोई
पलट-पलट के देखने वाला
हाय कितना सुखी था कोई

फिर क्या उसके जी में आई
मैं पतझड़ में रहा हूँ बरसों

किसने मेरी पूजा की थी
किसने मेरा मान किया था
दूजे चरणों में सर रखकर
फिर कैसा अपमान किया था
मैं था प्रेम भवन का दीपक
अँधियारों में जला हूँ बरसों

बीन समय की सब सुर भूले
वो दुख का संगीत नगर हूँ
पाँव तले सौ फूल दया के
खिल जाएँ वो प्रीत नगर हूँ

10

तुलसी के नीचे
पुरवा में सोती
पकड़ी गई है सुगंध

भागी थी अँगिया से इक रात को
बीते बरस कितने इस बात को
गीतों में छुप कर
क्यों हाथ खींचे
तुलसी के नीचे

आँचल में जितना समेटूँ मन से
तन उतना अमृत बहाए
जीवन तो श्नान ठहरा दुखों का
चंपा की कलियाँ नहाए

अब वो सुगंध काहे फिरती है पूछो
मन अपना भींचे
तुलसी के नीचे

पल में मेरा तन है,
जुग मेरा मन है
बीच में साँस का झूला पड़ा है
झूलन में जीवन इतना मगन है
बादल आए
बरखा बीती
पतझड़ डूबा
कोंपल तैरी
जीवन फिर भी झूल रहा है
आँखों को मीचे
तुलसी के नीचे!

परवीन फ़ना सय्यद

नाम : परवीन सय्यद। तख़ल्लुस : फ़ना।

परवीन फ़ना सय्यद का जन्म 3 सितंबर, 1936 को लाहौर में हुआ। शिक्षा : बी.ए.। लाहौर कॉलेज फ़ॉर वूमन, लाहौर; रुचियाँ : संगीत, चित्रकला।

अहमद नदीम क़ासमी ने लिखा है : परवीन फ़ना सय्यद की शायरी पाकीज़गी-ए-एहसास[1] की शायरी है। किसी भी मोड़ पर उन्होंने ग़ज़ल की लताफ़त[2] और नज़ाकत को मजरूह[3] नहीं किया। बल्कि ग़ज़ल की तय की हुई रवायतों[4] को पुख़्ता किया है। उनसे पहले ख़ुद्दारी और ग़ैरतमंदी की सम्त[5] उर्दू ग़ज़ल में बहुत कम नुमायाँ हुई है। वो तरक़्क़ी की तरफ़दार हैं मगर हर नई शैली को महज़ आधुनिकता के नाम पर क़बूल कर लेना उन्हें मंजूर नहीं है। चुनाँचे वो प्रयोग जो आधुनिकता की फैशनेबुल नक़्ल के नाम पर पॉपुलर हुए हैं, उन्हें बेचैन कर देते हैं। बेयक़ीनी के इस बदसूरत दौर में परवीन फ़ना सय्यद ने इंसानी दोस्ती से लबरेज़ शायरी की है।

सन् 1975 के बाद से परवीन फ़ना ने या तो लिखना बंद कर दिया है या लिख रही हैं और सहेज-सहेज कर रख रही हैं क्योंकि पिछले दस सालों में उनकी इक्का-दुक्का कृति साल में एकाध बार पत्रिकाओं में छपती तो रही है, लेकिन रचनाओं का नियमित प्रकाशन, मुशायरों में नए कलाम का कविता-पाठ या किसी संग्रह की प्रस्तावना का उल्लेख तक नहीं हुआ।

संकलन : 'हर्फ़-ए-वफ़ा' (1974) की सज्जा पाकिस्तान के मशहूर आर्टिस्ट सादिक़ैन ने की।

28 अक्टूबर, 2010 को कराची में इनका निधन हो गया।

---

1. भावना की पवित्रता 2. सूक्ष्मता 3. घायल 4. परंपराएँ 5. आकृति

ज़हराब[1]

दिल ने चुपके से कहा सच बोलो
रसन-ओ-दार[2] ही हर सच का मुक़द्दर है तो डरना कैसा!
मुस्कुराते हुए ये ज़ह्‌र-ए-सदाक़त[3] चख लो!
मैंने सच बोला तो दहके हुए अंगारों की तपती भट्‌टी
मुंतज़िर[4] थी मेरी
सैकड़ों हाथ उठाए हुए संग[5]
ख़श्मगीं[6] नज़रों से तकते मेरी जानिब लपके
मुझको ज़हराब ही ला दो कि मैं सच बोलूँगी
मैंने हौले से कहा
मैंने कोई जुर्म किया?

पैमाना[7]

लकीरें कर्ब[8] की, चेहरे पे
पलकों पे धरे आँसू
ये पत्थर होंट

सांँसों की घुटन से
दिल की बेतरतीब धड़कन
ये अधूरे लफ़्ज़

---

1. विष मिला हुआ पानी 2. रस्सी और फाँसी 3. सच का विष 4. प्रतीक्षक 5. पत्थर 6. रोष से भरी हुई 7. लम्बाई नापने का यंत्र 8. दुख

मेरे घाव की गहराई का अंदाज़ा
ये पैमाने?

सुहागन

हाँ—शौक़ से छीनो मेरी तहज़ीब की चादर
मेरे ज़ख़्मों से थके जिस्म को नेज़ों[1] पे धरो
रक़्स करो
जश्न मनाओ
मगर इक बार
मेरी माँग में सिंदूर तो भर दो

मुहाफ़िज़[2]

(एक आवाज़)

बचा लो
मुझे इन वहशी लुटेरों से बचा लो
कि मैं बेटी हूँ तुम्हारे ही वतन की

(चाप क़दमों की—!)

मुहाफ़िज़ ने झपट कर
मेरी चादर को उछाला
मुझे भंभोड़ के हँसते हुए बोला
मेरा हक़ है पहले

---

1. बरछी (बहु.) 2. रक्षक

अजनबी

अपनी उलझी हुई हसरतों को लिये
अपने-अपने तख़य्युल[1] की दुनिया में गुम
हम मुसाफ़िर हैं जो रेल में एक पल
अजनबी की तरह दूसरे से मिलें
फिर उतर जाएँ इक अजनबी की तरह
ज़िंदगी के किसी अजनबी मोड़ पर
मेरे हमदम[2] तुम्हें ये शिकायत कि मैं
तुमको पहचानना ही नहीं चाहती
पहले ख़ुद को तो अच्छी तरह जान लूँ
फिर तुम्हें भी समझने की कोशिश करूँ

ये एक लम्हा

ये एक लम्हा जो थम गया है!
तुम्हारी आँखों से फूटकर
मेरे दिल की गहराई में उतरकर
ठहर गया है!
रवाँ-दवाँ[3] वक़्त के समंदर का एक क़तरा
गुहर[4] बना है
ये एक लम्हा
जो मेरी पलकों पे अश्क बनकर लरज़ रहा है
ये एक मोती
ये इक शरारा
ये रूह के तह-ब-तह अँधेरों में
जगमगाता हुआ सितारा

---

1. कल्पना 2. हर समय का साथी 3. तेज़ 4. मोती

ये एक लम्हा
गुज़र गया भी तो ख़ौफ़ कैसा
कि मेरी आँखों में कितनी यादों की मशालें सी जला गया है!

ग़ज़ल

1

कमनिगाही भी रवा[1] थी शायद
आँख पाबंद-ए-हया थी शायद

सर से आँचल तो न ढलका था कभी
हाँ, बहुत तेज़ हवा थी शायद

एक बस्ती के थे राही दोनों
राह में दीवार-ए-अना[2] थी शायद

हमसफ़र थे तो वो बिछड़े क्यों थे
अपनी मंज़िल भी जुदा थी शायद

मेरी आँखों में अगर आँसू थे
मेरे होंटों पे दुआ थी शायद

2

मयस्सर हो न जो अपनी ख़ुशी से
लहू के अश्क बेहतर उस हँसी से

---

1. उचित 2. मैं की दीवार

कहीं राज़-ए-गुलिस्ताँ कह न डाले
कली को नोच लो पहले हँसी से

सदा रौशन रहा क़ंदील बनकर
वो इक लम्हा जो उभरा तीरगी से

ये महरूमी[1] थी या आसूदगी[2] थी
जुनूँ का रंग चमका तश्नगी[3] से

क़रीब-ए-जाँ[4] हुआ महसूस अक्सर
जिसे ठुकरा दिया था बेरुख़ी से

3

मेरे गीतों से धुआँ उठता है
आग सीने में निहाँ[5] हो जैसे

दिल में तन्हाई का सन्नाटा है
एक वीरान मकाँ हो जैसे

वक़्त गुज़रा कि क़यामत गुज़री
कोई सैलाब रवाँ हो जैसे

लम्हा-लम्हा है थकन से बेहाल
ज़िंदगी बार-ए-गिराँ[6] हो जैसे

इल्म की आख़िरी हद आ पहुँची
जो यक़ीं[7] है, वो गुमाँ[8] हो जैसे

---

1. निराशा 2. संतोष, तृप्ति 3. प्यास 4. प्राण के पास 5. छिपी हुई 6. भारी बोझ 7. विश्वास 8. भ्रम

4

नामूस-ए-वफ़ा[1] का पास रहा, शिकवा भी ज़ुबाँ तक ला न सके
अंदर से तो रोए टूट के हम, पर एक भी अश्क बहा न सके

साहिल तो नज़र आया लेकिन तूफ़ाँ में बला की शिद्दत थी
मौजों को मनाया लाख मगर हम जानिब-ए-साहिल आ न सके

हम कहते-कहते हार गए और दुनिया ने कुछ भी न सुना
जब दुनिया ने इसरार किया हम अपना दर्द सुना न सके

कब हमने गुलिस्ताँ चाहा था, कब हमने बहारें माँगी थीं
इक गुल की तमन्ना थी हम को, वो भी तो चमन में पा न सके

रुबाइयात

गुलदान में कलियों को सजा कर देखा
हर फूल को काँटों से बचा कर देखा
उजड़ा ही नज़र आया मेरा घर—मैंने
हर सम्त को आईना घुमा कर देखा

सर है—इसे क़दमों में झुकाऊँ क्योंकर
मैं हूँ—मैं अना[2] अपनी मिटाऊँ क्योंकर
सच कह न सकूँ तो झूट कैसे बोलूँ
हर ख़ोल पे इक खोल चढ़ाऊँ क्योंकर

हर सू वही आवाज़ सुनाई देना
ज़ुल्मत[3] में भी महताब दिखाई देना
उस दौर-ए-जुनूँ में क्या बलाग़त[4] थी फ़ना
मर कर भी किसी की न दुहाई देना

1. प्रेम की मर्यादा 2. मैं/स्व का भाव 3. अँधेरा 4. परिपक्वता

अशआर

तुम हिरासाँ[1] हो तो फिर शौक़ से साहिल को चलो
हम तो गिर्दाब[2] में साहिल का मज़ा पाएँगे

जगमगाते हुए लम्हों को ग़नीमत जानो
आँख झपकी तो ये अश्कों में बदल जाएँगे

अब तो राहों का तसव्वुर है न मंज़िल की तलाश
तुम मेरी ज़ीस्त को वीराना बना दो भी तो क्या है

लबों को सी लिया तेरी रज़ा[3] से
मगर अश्कों को समझाएँ कहाँ तक

क्यों ऐसे जुनूँ से बाज़ आऊँ
जो कर्ब[4] तो है, क़रार भी है

ये एक सुकूत-ए-मुंजमिद[5] सा
है संग[6] अगर, शरार[7] भी है

जिस दौर में वफ़ाएँ बिकें कौड़ियों के मोल
उस दौर में खुलूस की क़ीमत बताइए

सहरा में जाएँगे तो उड़ाएँगे सब हँसी
अब शह्र ही में रस्म-ए-जुनूँ को निबाहिए

---

1. भयभीत 2. भँवर 3. स्वीकृति. 4. कष्ट 5. जमी हुई चुप्पी 6. पत्थर 7. चिंगारी

महबूब ख़िज़ाँ

महबूब ख़िज़ाँ का जन्म 01 जुलाई, 1930 को बलिया (उत्तर प्रदश) में हुआ। ख़िज़ाँ का ख़ाका है : बेहद दुबला-पतला जिस्म, कोमल आवाज़, शर्मीला स्वभाव। कुल मिलाकर अपने तखल्लुस से मिलती-जुलती वो पर्सनैलिटी कि आप उसके सामने ये सोचकर ज़ोर से नहीं बोलना चाहेंगे कि कहीं आपकी बात तो दूर, सिर्फ़ आवाज़-भर से ये आदसी नर्वस न हो जाए।

शमीम अहमद बताते हैं, "कई साल पहले कराची में जमीलुद्दीन आली के जरिये एक ऐसे साहिबज़ादे से मुतआरिफ़[1] होने का मौक़ा मिला था जो अपने बेहद दुबले-पतले जिस्म और उससे ज़्यादा नज़ाकत-ए-एहसास-ओ-आवाज़[2] की वजह से लोगों की तवज्जोह[3] अपनी तरफ़ मबज़ूल[4] कराए बग़ैर नहीं रह सकता था। फिर उसकी सादगी, ख़ुलूस और ख़ुद को कुछ न समझने वाले अंदाज़ ने उसमें वाकई एक महबूबियत पैदा कर दी थी। महबूब सिद्दीक़ी से कराची के अदबी हलके का ये पहला तआरुफ़ था।" उस ज़माने में उसकी एक ग़ज़ल बहुत मशहूर थी जिसका एक शेर है :

किसे ख़बर कि अह्ल-ए-ग़म, सुकून की तलाश में
शराब की तरफ़ गए, शराब के लिए नहीं

ये वो दिन थे जब ख़िज़ाँ बहुत नर्म-ओ-नाज़ुक ग़ज़लें कहता था। उसकी आवाज़ पर फ़िराक़ गोरखपुरी का दिलआवेज़ असर महसूस होता था। उसकी शायरी भूरी पहाड़ियों से मख़मली पर्दों तक हथेलियों पर सूखती मेहंदी की गंध बिखेर कर बाग़ में पतंगें लूटने चली जाती थी। ख़िज़ाँ का एक शेर है :

सादाकारी[5] कई परत, कई रंग
सादगी इक अदा-ए-सादा नहीं

---

1. परिचित 2. आवाज़ और एहसास की कोमलता 3. ध्यान 4. आकर्षित 5. निश्छलता

ये शेर ख़िज़ाँ की शायरी पर भी यूँ लागू होता है कि ख़िज़ाँ के बज़ाहिर[1] सादा शेरों में भी गहराई और पेचीदगी[2] होती है; गहराई तजुर्बे की और पेचीदगी इज़हार की। अब ये और बात है कि ख़िज़ाँ आलोचकों की प्रशंसाएँ नकारते हुए दूसरों में इसी इज़हार की सादगी और बेतकल्लुफ़ी को हसरत से देखे :

जो खेल जानते हैं उनके और हैं अंदाज़
बड़े सुकून बड़ी सादगी से खेलते हैं
ख़िज़ाँ कभी तो कहो इक इस तरह की ग़ज़ल
कि जैसे राह में बच्चे ख़ुशी से खेलते हैं

लेकिन इस दौर के बाद, ख़िज़ाँ की शायरी में दूसरा दौर आता है। दूसरे दौर की रचनाएँ चरागाहों में बजती घंटियाँ नहीं, छप्पर फूँकने से पहले जवान मेमनों की गर्दनें काटते हुए गड़रिए की हँसी है।

ऐसा क्यों?

या तो ख़िज़ाँ की सोच बदल गई या उसे लगा कि अगर वो सारी उम्र मासूम मुहब्बत के मँडुवे तले मँडराता रहा तो लोग उसे मुहब्बत का मरीज़ भर कह कर याद करेंगे। और या, बक़ौल शमीम अहमद, "'हल्क़ा-ए-अरबाब-ए-ज़ौक़'[3] का एक हिंद-ओ-पाक मुशायरा हुआ जिसमें आली ने ख़ास जोर डालकर ख़िज़ाँ को भी आमंत्रित करवाया। महबूब अब तक मुशायरों से परहेज़ करता था। कोई बुलाता तो टाल देता। ये उसका पहला मुशायरा था। काश वो इस मुशायरे में भी न जाता। लेकिन आली का इसरार था, सो गया। वहाँ एक शायर ने, जो शायरी को फ़ौजी तरानों पर ख़त्म समझता था, न सिर्फ़ ख़िज़ाँ की शैली बल्कि उसकी व्यक्तिगत चाल-ढाल, पान-पहरावे, हाव-भाव और कविता पर तानाकशी से जमकर, खुलेआम शकावत[4] और बहीमियत[5] से मज़ाक उड़ाया। एक ऐसे शायर की हैसियत से जिसकी ज़िंदगी का पहला मुशायरा हो, महबूब पर जो क़यामत गुज़री उसका अंदाज़ा हर वो साहिब-ए-एहसास[6] और साहिब-ए-ग़ैरत[7] कर सकता है जिसके लिए शायरी तख़लीक़ी अमल[8] का दर्जा रखती हो। महबूब ख़िज़ाँ वैसे भी आम महफ़िल और अपने दफ़्तर में ख़ुद को शायर कहते बहुत ज़्यादा खौफ़ज़दा रहता था। ये ख़ौफ़ शायरी से इतना नहीं था जितना उन एहसासात[9] और जमालियाती[10] एतिबार से जो उसकी रूमानी शायरी के मौज़ू[11] थे और उसकी ज़ात का सबसे नुमायाँ वस्फ़[12], लेकिन मुशायरे वाले हादसे के

1. देखने में 2. जटिलता 3. एक साहित्यिक मंडल 4. हृदय की कठोरता 5. पशुता 6. संवेदनशील 7. स्वाभिमानी 8. रचना कार्य 9. संवेदन (बहु.) 10. सौंदर्यबोध-विषयक 11. विषय 12. गुण

बाद वो एहसास की शायरी से ख़ौफ़ज़दा होकर अपने हर जज़्बे में कोई ऐसी चीज़ मिला देने पर उतारू हुआ जो उसे ख़ालिस एहसास से अलग कर दे। वो अपने हर एहसास का ख़ुद मज़ाक उड़ाने लगा, ताकि कहीं दूसरे को मज़ाक़ उड़ाने का मौक़ा न मिल जाए। इस वाकिये के बाद उसकी तमाम शायरी एक कुढ़े हुए मसखरेपन पर क़ायम है जहाँ मिज़ाहनिगारी[1] की कोशिश नहीं, बल्कि 'विट' का मुज़ाहिरा[2] है। एक ज़हीन और बा-ख़बर शायर की पूरी कोशिश ख़ुद को ज़हीन और फ़िक्रेबाज़ साबित करने पर सर्फ़[3] हो गई है। महबूब ख़िज़ाँ के ग़ैरशऊरी[4] खौफ़ का ये आलम है कि उसने अपनी पूरी-पूरी ग़ज़लें काट दी हैं और एक-एक शेर को काफ़ी समझा है और ये अशआर उसने अपने मजमुए में 'अकेले अशआर' के उन्वान से छाप दिये हैं। मानो वो चाहता है कि, अब पढ़ने वाले उससे मसखरेपन और नाकाम मिज़ाहिया[5] शायरी का लुत्फ़ लें।

"काश ख़िज़ाँ अपनी ज़िंदगी के सफ़र से उस अलमिये[6] को काट सकते और फिर वही एतिमाद[7] बहाल कर सकते। काश, वे अपनी ज़ात पर एतिमाद कर सकते। मगर काश से तक़दीरें नहीं बदला करतीं। एक शायर को यूँ तबाह होना था सो वो तबाह हो रहा है। जो शख़्स अपने महबूब को माफ़ न कर सके, वो दुनिया को क्या माफ़ करेगा।"

04 दिसंबर, 2013 को इनका निधन हो गया।

---

1. हास्य-लेखन 2. प्रदर्शन 3. व्यय 4. अवचेतन 5. हास्य 6. दुखद घटना 7. विश्वास

अकेली बस्तियाँ

बेकस चमेली फूले अकेली आहें भरे दिल जली
भूरी पहाड़ी ख़ाकी फ़सीलें धानी कभी साँवली
जंगल में रस्ते, रस्तों में पत्थर, पत्थर से नीलम परी
लहरीली सड़कें चलते मनाज़िर[1] बिखरी हुई ज़िंदगी
बादल, चट्टानें, मख़मल के पर्दे, पर्दों पे लहरें पड़ीं
काकुल[2] पे काकुल ख़ेमों पे ख़ेमे सलवट पे सलवट हरी
बस्ती में गंदी गलियों के जीने लड़कों की धमाचौकड़ी
बरसे तो छागल ठहरे तो हलचल राहों में खलबली
गिरते घरौंदे उठती उमंगें हाथों में गागर भरी
कानों में बाले चाँदी के हाले पलकें घनी खुरदरी
हड्डी पे चेहरे, चेहरों में आँखें, आई जवानी चली
टीलों पे जोबन, रेवड़ के रेवड़, खेतों पे झालर चढ़ी
वादी में भीगे रोड़ों की पेटी चश्मों की चम्पाकली
साँचे नए और बातें पुरानी मिट्टी की जादूगरी

---

1. दृश्य (बहु.) 2. बालों की लट

रहगुज़र के बाद

मैं सोचता हूँ कि इस ख़ैर-ओ-शर[1] के बाद है क्या
फ़ज़ा तमाम नज़र है नज़र के बाद है क्या
शब[2] इंतज़ार-ए-सहर[3] है सहर के बाद है क्या
दुआ बरा-ए-असर[4] है असर के बाद है क्या
ये रहगुज़र है तो इस रहगुज़र के बाद है क्या

दीवार से गुफ़्तगू

किसी हँसती-बोलती जीती-जागती चीज़ पर
ये घमंड क्यों ये गुमान क्यों
कहीं और आपकी जान क्यों

ये तो सिलसिले हैं उसी फ़रेब-ए-ख़याल के
ग़म-ए-जात-ओ-ख़ैर-ओ-जमाल[5] के
वही फेर अह्ल-ए-सवाल के

अजी ठीक है ये वफ़ा का ज़ह्र न घोलिए
अरे आप झूट ही बोलिए
नहीं सबके भेद न खोलिए

कोई क्या करे न मिलें जो रंग ही रंग से
डरो अपने जी की उमंग से
कटे क्यों निगाह, पतंग से

कभी बेकसी को पुकारते हैं, शजर-हजर[6]
मेरे पास कुछ भी नहीं मगर
बड़ी ज़िंदगी है इधर-उधर

---

1. भलाई और बुराई 2. रात 3. सुबह का इंतज़ार 4. असर के लिए 5. रूप और पुण्य और अस्तित्व का दुख 6. पेड़-पत्थर

ये सँभलते हाथों में काँपती है कमान क्यों
ये सरक रही है मचान क्यों
ये खिसक रहे हैं मकान क्यों

तुम कहाँ हो?

मैं तुम्हारी रूह की अँगड़ाइयों से आशना हूँ
मैं तुम्हारी धड़कनों के ज़ेर-ओ-बम[1] पहचानता हूँ
मैं तुम्हारी अँखड़ियों में नर्म लहरें जागती-सी देखता हूँ
तुम अमर हो, तुम लचकती टहनियों की मामता[2] हो
तुम जवानी हो, तबस्सुम हो, मुहब्बत की लता हो
मैं तुम्हें पहचानता हूँ, तुम मेरी पहली ख़ता हो
लहलहाती-झूमती फुलवारियों की ताज़गी हो, बेअदाई की अदा हो
तेज़ मँडराती अबाबीलों के नन्हे बाज़ुओं का हौसला हो
फूल हो और फूल के अंजाम से नाआशना हो
डालियों पर फूलती हो, झूलती हो, देखती हो, भूलती हो
हर नए फ़ानूस पे गिरती हुई परवानगी हो
और ख़ुद भी रौशनी हो
ज़िंदगी हो, ज़िंदगी के गिर्द चक्कर काटती हो
मैं तुम्हें पहचानता हूँ तुम मुहब्बत चाहती हो
ख़ुद को देखो और भरी दुनिया को देखो और सोचो
और सोचो तुम कहाँ हो?

---

1. नीचा-ऊँचा 2. ममता

तुम्हारी क़िस्मत में झूट है

तुम्हारी क़िस्मत में झूट है इसलिए कि तुमने
मुझे बताया कि 'और भी हैं'
हमारी क़िस्मत में झूट है इसलिए कि हमने
फ़रेब खाया कि 'और भी हैं'
हमारी रूहें तड़प रही थीं कि सच भी हो ज़िंदगी में शायद
हर इक में शायद किसी में शायद
बड़ी सितमगर थी शाम लेकिन वो आग है रात का उजाला
कि हमने सब सोचकर ख़ुशी से
बहार-ए-हस्ती को फूँक डाला
हमारी रूहें तड़प रही हैं कि सच भी हो ज़िंदगी में शायद
हर इक में शायद किसी में शायद

मगर नहीं शायद

बिखर गए वो ख़यालात फिर अँधेरा है
ज़रा सी देर को बिजली की लहर आई थी
दिखाई देने लगे थे अधूरे काँपते चाँद
ज़रा सी देर को जागा था रात का एहसास
पलट-पलट के न देखो मुझे नहीं मालूम
ये वक़्त कैसे कटा रात कैसे गुज़रेगी
जो लोग मर नहीं जाते वो ज़िंदा रहते हैं
सुना तो है कि सितारे हैं अब्र के उस पार
तमाम उम्र पड़ी है मगर नहीं शायद
गुज़र चुका है वो सब कुछ जो होने वाला है

ग़ज़ल

1

चाही थी दिल ने तुझसे वफ़ा कम बहुत ही कम
शायद इसीलिए है गिला कम बहुत ही कम

क्या हुस्न था कि आँख लगी साया हो गया
वो सादगी की मार, हया कम बहुत ही कम

थे दूसरे भी तेरी मुहब्बत के आसपास
दिल को मगर सुकून मिला, कम बहुत ही कम

जलते सुना चराग़ से दामन हज़ार बार
दामन से कब चराग़ जला, कम बहुत ही कम

अब रूह काँपती है अजल[1] है क़रीबतर
ऐ हमनसीब[2], नाज़-ओ-अदा कम बहुत ही कम

यूँ मत कहो ख़िज़ाँ कि बहुत देर हो गई
हैं आजकल वो तुमसे ख़फ़ा कम बहुत ही कम

2

हम आप क़यामत से गुज़र क्यों नहीं जाते
जीने की शिकायत है तो मर क्यों नहीं जाते

कतराते हैं, बल खाते हैं, घबराते हैं क्यों लोग
सर्दी है तो पानी में उतर क्यों नहीं जाते

---

1. मौत 2. एक-से भाग्य वाला

आँखों में चमक है तो नज़र क्यों नहीं आता
पलकों पे गुहर[1] हैं तो बिखर क्यों नहीं जाते

ये बात अभी मुझको भी मालूम नहीं है
पत्थर इधर आते हैं उधर क्यों नहीं जाते

तेरी ही तरह अब ये तेरे हिज्र के दिन भी
जाते नज़र आते हैं मगर क्यों नहीं जाते

अब याद कभी आए तो आईने से पूछो
महबूब ख़िज़ाँ शाम को घर क्यों नहीं जाते

3

हसरत-ए-आब-ओ-गिल[2] दोबारा नहीं
देख, दुनिया नहीं, हमेशा नहीं

सोचने का कोई नतीजा नहीं
साया है, एतिबार-ए-साया नहीं

अच्छे लगते हैं अच्छे लोग मुझे
जो समझते हैं उनसे पर्दा नहीं

सादा-कारी[3], कई परत कई रंग
सादगी इक अदा-ए-सादा नहीं

हाल-ए-दिल इतने प्यार से मत पूछ
हाल[4], आइंदा[5] है गुज़िश्ता[6] नहीं

---

1. मोती 2. मनुष्य का रूप लेने की अभिलाषा 3. सादगी 4. दशा 5. भविष्य 6. अतीत

रात ज़ंजीर सी क़दम-ब-क़दम
एक मंज़िल है कोई जादा[1] नहीं

चाँदनी खेलती है पानी से
इतनी बरसात है कि सब्ज़ा नहीं

मैं कहीं और किस तरह जाऊँ
तू किसी और के अलावा नहीं

सुनते हैं इक जज़ीरा[2] है कि जहाँ
ये बला-ए-हवास-ए-ख़मसा[3] नहीं

मयकदे[4] रोज़ सोते-जागते हैं
तशनगी[5] कम नहीं, ज़्यादा नहीं

कैसे बेदर्द हैं कि जोड़ते हैं
नर्म अलफ़ाज़ जिनमें रिश्ता नहीं

कहीं ईजाद-ए-महज़[6] बे-मफ़हूम[7]
कहीं मफ़हूम[8] है तो लहजा नहीं

कहीं तसवीर नाक-नक़्शे बग़ैर
कहीं दीवार है दरीचा नहीं

उनसे काग़ज़ में जान कैसे पड़े
जिनकी आँखों में अक्स-ए-ताज़ा नहीं

---

1. पथ 2. द्वीप 3. पंचज्ञानेन्द्रिय की आपत्ति 4. मदिरालय (बहु.) 5. प्यास 6. केवल नई बात पैदा करना 7. निरर्थक 8. सार्थक

ख़ाक से किसने उठते देखी है
वो क़यामत कि इस्तिआरा[1] नहीं

दुश्मनी है तो दुश्मनी ही सही
मैं नहीं या दुकान-ए-शीशा नहीं

कभी हर साँस में ज़मान-ओ-मकाँ
कभी बरसों में एक लम्हा नहीं

ऐ सितारो किसे पुकारते हो
इस ख़राबे[2] में कोई ज़िंदा नहीं

बेकली तार कसती जाए ख़िज़ाँ
हसरत-ए-आब-ओ-गिल दोबारा नहीं

4

सुकूँ-पयाम[3] अदाओं को मेहरबाँ समझो
समझ गए तो कोई और आसताँ[4] देखो

वही क़यामत-ए-एहसास है जिधर जाओ
वही हिकायत-ए-लबरेज़[5] है जहाँ देखो

ये देखते हुए दिन सोचती हुई रातें
ये तीरगी ये उजालों के कारवाँ देखो

ये ज़िंदगी है तुम्हारी, अगर ख़रीद सको
नहीं तो ख़ैर, वही राह-ए-रफ़्तगाँ[6] देखो

---

1. रूपक 2. वीरान जगह 3. शांति लाने वाली 4. चौखट 5. परिपूर्ण कथा 6. मरे हुए लोगों का रास्ता

ये रंग जिनमें ज़मानों की आग लरज़ाँ है
ये ख़्वाब-कारी-ए-जज़्बात[1] रायगाँ[2] देखो

ये जगमगाते हुए फूल, राख होने तक
ये शोलाज़ार ये उठती जवानियाँ देखो

वो मौज लौट गई उसको लौट जाना था
ये ताज़ा-ताज़ा गुहरकार[3] सीपियाँ देखो

ये नर्म ख़्वाब सफ़ीने, जज़ीरा-हा-ए-तलाश[4]
वो हम ख़िराम किनारों की बस्तियाँ देखो

अज़ाब-ए-दीदा-ओ-दिल[5] से नजात[6] मुमकिन है
तो भूल जाओ मगर भूल कर कहाँ देखो

अभी नहीं अभी कुछ और देखना है ख़िज़ाँ
तिलिस्म-बंदी-ए-आईना-ए-जहाँ[7] देखो

5

कोई क़रीब न आए शिकस्ता-पा हूँ मैं
करम तो है, मगर अंजाम देखता हूँ मैं

मेरी निगाह में कुछ और ढूँढने वाले
तेरी निगाह में कुछ और ढूँढता हूँ मैं

ज़माना देर-फ़रामोश[8] तो नहीं इतना
ये ठीक है कि बहुत देर-आशना हूँ[9] मैं

---

1. सपनों से भरी भावनाएँ 2. व्यर्थ 3. मोतियों से भरी 4. तलाश के द्वीप 5. आँख और दिल की यातनाएँ 6. छुटकारा 7. संसार के आईने की जादूगरी 8. जिसे जल्दी भूलने की आदत न हो 9. वो व्यक्ति जो बहुत देर में दोस्त बने

ग़लत नहीं वो जो शिकवे अब आपको होंगे
बदल गया है ज़माना, बदल गया हूँ मैं

मुझे सताओ नहीं, ज़िंदगी निगाह में है
फ़रेब खाओ नहीं, तुमको जानता हूँ मैं

मेरा गुरूर-ए-मुहब्बत[1] कि मैं नहीं समझा
तेरी नज़र ने कहा था कि दिलरुबा हूँ मैं

6

ख़्वाब से पर्दा करो, देखो मत
अब अगर देख सको, देखो मत

गिरते शहतीरों के जंगल हैं ये शह्र
चुप रहो, चलते रहो, देखो मत

झूट-सच दोनों ही आईने हैं
उस तरफ़ कोई न हो, देखो मत

हुस्न क्या एक चमन एक कुहराम
तेज़-ओ-आहिस्ता चलो, देखो मत

पंखड़ी, एक परत और परत
क्यों बखेड़ों में पड़ो, देखो मत

हर कली एक भँवर, एक बादल
'खेल में खेल' न हो, देखो मत

ये पुरानी ये अनोखी ख़ुशबू
कुछ दिन आवारा फिरो, देखो मत

---

1. प्रेम का अभिमान

हर तरफ़, देखने वाली आँखें
इनके साए से बचो, देखो मत

कम-लिबासी हो गिला या इसरार
बे-ख़बर जैसे रहो, देखो मत

ऑफ़ियत इसमें है ग़ाफ़िल गुज़रो
मत निगाहों से गिरो, देखो मत

केंचली हट गई, ज़िंदा रेशम
फिर ये कहता है 'हटो देखो मत'

देखते-देखते मंज़र है कुछ और
धूल आँखों में भरो, देखो मत

सत्ह के नीचे है क्या जाने कौन
लह्न की लय पे बढ़ो, देखो मत

एक ही जल है यहाँ मायाजल
प्यास के जाल बुनो, देखो मत

भागते-भागते थक जाओगे
बस करो, बात सुनो, देखो मत

कंकरी झील में शायद सो जाए
तुम यूँ ही लहर गिनो, देखो मत

ख़ूबसूरत है सर-ए-मंज़िल साँप
रूप के रंग सहो, देखो मत

तजुर्बा तो है अमरबेल सही
प्यार के ज़ह्र चखो, देखो मत

सेब, आसेब[1], बदन या तसवीर
सबको देखो तो कहो, देखो मत

ज़ायका एक है बस, ताँबे का
हिज्र-दाइम[2] से डरो, देखो मत

कुछ न करने की थकन में क्या है?
देखो, इक काम करो, देखो मत

रेग-ए-साअत[3] हैं, ये चलते हुए लोग
वक़्त के साथ चलो, देखो मत

सख़्त बेकार जुनूँ, नर्म हो तुम
किसी चक्कर में पड़ो, देखो मत

राय मत दो कि अटल है तक़दीर
क़र्ज़-ए-आइंदा भरो, देखो मत

कौन आएगा बचाएगा तुम्हें
अपनी सूली पे चढ़ो, देखो मत

घर ये सारे हैं दरीचों के बग़ैर
अपनी दीवार चुनो, देखो मत

मुझसे कहती है यहाँ की हर चीज़
ख़ुश रहो, ज़िंदा रहो, देखो मत

देख और सोच का मौसम है ख़िज़ाँ
कोंपलों से जो मिलो, देखो मत

---

1. प्रेत 2. नित्य का वियोग 3. घड़ी की रेत

7

मुफ़्त हाथ आई है अजनबी के, दौलत क्या
मुफ़लिसी[1] लगाएगी सादगी[2] की क़ीमत क्या

शाम, अथाह गहराई, बे-ख़याल अँगड़ाई
रक़्स में धनक, सरगम रागनी की रंगत क्या

मौज-ए-मर्ग[3] दिलकश है, रेत हो कि पानी हो
तश्नगी[4] को होती है देखने की जुर्अत क्या

कैसे ग़म ग़लत कीजे दोनों जान-लेवा हैं
पास की जवानी क्या दूर की मुहब्बत क्या

जिनका अक्स[5] थी दुनिया उनको तो बता देते
अपने पास रखते हो दूसरों की हसरत क्या

रात-दिन जो दफ़्तर में काम करते रहते हो
रायगाँ[6] ही जाएगी हिज्र जैसी फ़ुर्सत क्या

वो कि सादा-ऑफ़त[7] थी उसने कुछ नहीं माँगा
अब ख़िज़ाँ निकालोगे भागने की सूरत क्या

अकेले अशआर

हाँ उसने कहा था कि सदा जलते रहोगे
मुझ से न कहोगे तो ज़माने से कहोगे
तब मैंने कहा दोनों अटल, दोनों अकेले
समझोगे तो समझोगे, सहोगे तो सहोगे

1. निर्धनता 2. निश्छलता 3. मृत्यु की लहर 4. प्यास 5. प्रतिबिंब 6. निष्फल 7. विपदा

दिल ले कर अब जाएँ कहाँ
दुनिया छोड़ी दिल के लिए

कितनी जादूगर है जवानी
मिट्टी पर सोने का पानी

याद करो क्या मैंने कहा था आज मुहब्बत है कि नहीं
करवट-करवट आँख में आँसू, दिल में नदामत है कि नहीं
मरते को पानी क्या दोगे, तुम तो जान भी ले न सके
देखो हम जीते हैं अभी तक, तुम को ग़ैरत है कि नहीं

आँसू अब उससे क्या छुपाना
जो दामन भी है आसतीं भी

किसे ख़बर कि अह्ल-ए-ग़म[1] सुकून की तलाश में
शराब की तरफ़ गए शराब के लिए नहीं
ये क्या कहूँ कि मुझको कुछ गुनाह भी अज़ीज़ हैं
ये क्या कहूँ कि ज़िंदगी सवाब के लिए नहीं

अब इस क़दर सितम-ओ-जौर[2] के लिए भी नहीं
ये ज़िंदगी जो किसी और के लिए भी नहीं

देखते हैं बेनियाज़ाना[3] गुज़र सकते नहीं
कितने जीते इसलिए होंगे कि मर सकते नहीं

कार-ए-जुनूँ[4] दुश्वार सही
कुछ तो करो इनकार सही

---

1. दुखी 2. अत्याचार 3. बेपरवाही से 4. पागलपन का काम

एक मुहब्बत काफ़ी है
बाक़ी उम्र, इज़ाफ़ी है
कहता है चुपके से कौन
'जीना वादा-ख़िलाफ़ी है'

हमारे और तुम्हारे दरमियाँ जादू का रिश्ता है
घनेरी शाम में उड़ते हुए जुगनू का रिश्ता है

बात ये है कि आदमी शायर
या तो होता है या नहीं होता

महमूद शाम

जन्म राजपुरा (रियासत पटियाला) में। स्कूल में दाख़िल करते वक़्त मास्टरजी ने जन्म तिथि अंदाज़े से 5 फरवरी, 1940 लिख ली थी। बड़े घरानों में सालगिरह मनाने का रिवाज होता है, इसलिए ठीक-ठाक जन्म तिथि झाड़-पोंछकर लिख ली जाती है। महमूद शाम के घर में इस तरह का कोई रिवाज नहीं था, इसलिए तारीख अंदाज़े से लिख दी गई। पाकिस्तान बनने के बाद ज़माने की गर्दिश हीर के देस झंग ले गई। माँ-बाप ने नाम मुहम्मद तारिक़ महमूद रखा था। लेकिन झंग के रूमानी माहौल में वो शायरी की तरफ़ झुका तो नाम महमूद शाम रख लिया।

बी.ए. तक गवर्नमेंट कॉलेज, झंग में पढ़ने के बाद महमूद के कई सहपाठी एम.ए. करने के लिए लाहौर गए तो महमूद भी साथ हो लिया। दूसरे लोगों ने तो एम.ए. में दाखिला ले लिया लेकिन महमूद की आर्थिक हालत ऐसी न थी कि लाहौर पहुँचते ही कॉलेज जा सकता। उसके पास लाहौर जाने का किराया भी एक ग़ज़ल छपने पर मिले पैसों से जुड़ा था।

"मैं साप्ताहिक 'लैल-ओ-नहार' में प्रकाशित होने वाली एक ग़ज़ल का मुआवजा नौ रुपये चौदह आने (मुआवज़ा दस रुपये होता था। दो आने मनीऑर्डर-फ़ीस के कट जाते थे) मिलने की वजह से लाहौर पहुँच सका था। हमारे एक साथी ज़िया-उल-हक़ बी.ए. में प्रथम रहे थे। उनके दाखिले के सिलसिले में हम गवर्नमेंट कॉलेज के प्रिंसिपल डॉ. नज़ीर अहमद से मिलने उनके कमरे में गए। नाम बताए और ये कि झंग से आए हैं। मेरा नाम सुनने पर उन्होंने पूछा कि क्या मैं वही महमूद शाम हूँ जिसकी ग़ज़ल 'माह-ए-नौ' में छपी है। जब मैंने 'हाँ' कही तो थोड़ी देर बातचीत करने के बाद साथियों से जाने को कहा, लेकिन मुझे रोक लिया।

"जो लोग दाखिला लेने आए थे, चले गए। डॉ. नजीर अहमद ने गाउन पहना और मुझे साथ ले कर चल पड़े। भव्य गवर्नमेंट कॉलेज की मेहराबों में से गुज़रते हुए मुझे अपना क़द छोटा होने का कुछ ज़्यादा ही एहसास हो रहा

था। इन महराबों में से कितने महान लोग गुज़रे थे। अल्लामा इक़बाल, पितरस बुख़ारी, सूफ़ी तबस्सुम, नून. मीम. राशिद, जीलानी कामरान।

"डॉ. साहिब मुझे ज़करिया ख़्वाजा से मिलवाते हैं। फिर कॉलेज टॉक-शॉप में जनाब क़य्यूम नज़र से मिलवाते हैं। क़य्यूम नज़र मेरी इस ग़ज़ल की चर्चा करते हैं, सुनते भी हैं :

उम्र गुज़री कि तेरी धुन में चला था दरिया
जा-ब-जा घूमता है आज भी पगला दरिया

"फिर डॉ. नज़ीर अहमद मुझे वे सब रिआयतें देते हैं जिनके न होने की वजह से मैंने आगे पढ़ाई का इरादा ही छोड़ दिया। मुझे लगता है कि ग़ज़ल ही मेरी ज़िंदगी का हासिल है। एक ग़ज़ल की वजह से मैं लाहौर तक पहुँच सका। एक ग़ज़ल की वजह से डॉ. नज़ीर अहमद ने कॉलेज के दरवाज़े मुझ पर खोल दिये।

"ग़ज़ल मेरी ज़िंदगी का हासिल है। लम्हों का एक लम्बा सफ़र इन ग़ज़लों से इबारत है। मेरी ज़िंदगी में बहुत सी तब्दीलियाँ आई हैं। जगहें बदली हैं, हमसफ़र बदले हैं। लेकिन ग़ज़ल एक ऐसी हमसफ़र है जिसका बरसों से साथ नहीं छूटा। ये ग़ज़लें मेरे लिए एक आईना हैं। जब कभी तन्हाई में मैं बिखर जाता हूँ तो ख़ुद को इन ग़ज़लों में तलाश कर-कर के इकट्ठा करता हूँ। यूँ लगता है कि मैं ख़ुद इन शेरों में बिखरा हुआ हूँ। जीवन की घटनाएँ, दुर्घटनाएँ, कभी न भूलने वाले लम्हे, सब इन ग़ज़लों में फैला हुआ सफ़र है। ये सफ़र पंजाब के एक छोटे से शह्र झंग से शुरू होता है। झंग—जिससे हीर-रांझा की रूमानी कथा जुड़ी हुई है। रेत के टीलों, हरे-भरे पेड़ों, उदास-उदास ख़ामोश घरौंदों के सात-सात परदों में लिपटी हुई अपने हुस्न से बेख़बर अल्हड़ मुटियारें; चुपचाप ज़िंदगी का सफ़र करती लहरें, गर्मियों में अपनी हस्ती को बचाने की कोशिश करते और बरसात में दूसरों को मिटाते दरियाओं के किनारों पर घने-घने पेड़ों की छतनार बेलें; दूर-दूर तक फैले रेत के टीले जहाँ रात को चाँदनी बिखरती है तो लगता है कि एक सुनहरा दरिया बह रहा है। बूढ़े पेड़ जो दिन में छाँव बख़्शते हैं और रात को बीती उम्र की कहानियाँ सुनाते हैं; जहाँ न तेज़ रौशनियाँ हैं, न आँखें चुँधियाती हैं, न हुस्न बिलकुल बेनक़ाब होता है; शहरी ज़िंदगी के शोरो-गुल से अलग-थलग माहौल जहाँ तसव्वुर को बहुत दूर तक उड़ान का मौक़ा मिलता है। मेरी ग़ज़लों का मंज़रनामा इसी से तरतीब पाता है।

"मैंने झंग जैसे पिछड़े हुए शह्र में जितनी ग़ज़लें कहीं, उतनी लाहौर, कराची में नहीं कह सका। ये एक छोटे शहर और बड़े शह्र के माहौल का अंतर है।

छोटे शह्रों में कुदरत का हुस्न अयाँ[1] होता है, लोगों का हुस्न छुपा होता है। मेरे लिए हुस्न के बारे में लिखना तभी संभव है जब वो छुपा हुआ हो। खुला हो तो डूबकर लिखने के लिए, कल्पना के लिए कुछ भी तो नहीं रह जाता।

"ग़ज़ल का एक शेर मेरे लिए कई कविताओं पर भारी रहा है। एक शेर में जो कुछ कहा जा सकता है, कभी-कभी उसका इज़हार[2] पूरी नज़्म में हो पाता है। मैंने ग़ज़ल को ख़ास मज़ामीन[3] तक सीमित नहीं रखा है और न शब्दों की हदबंदी की है। जो कुछ महसूस किया है जिस तरह महसूस किया है, जिस माहौल में महसूस किया है उसी तरह लिखने को तरजीह[4] दी है। ग़ज़ल का माहौल एक निजी माहौल होता है। ग़ालिब, मीर ने अपने माहौल की बात की थी, हम अपने माहौल की बात क्यों न करें। आज क्या फ़ोन एक रूमानी राब्ता[5] नहीं है। डायरी, कार, डिनर आज के माहौल के अनासिर-ए-तरकीबी[6] हैं।"

एम.ए. फिलासफ़ी (1964), 'क़ंदील' और 'नवा-ए-वक़्त' में नौकरी के बाद महमूद शाम ने साप्ताहिक 'अख़बार-ए-जहाँ' में नौकरी की। 'अख़बार-ए-जहाँ' छोड़कर एक पत्रिका निकाली। अब फिर 'अख़बार-ए-जहाँ' में हैं। उनका शुमार पाकिस्तान के बड़े पत्रकारों में होता है। उन्होंने श्रीमती इन्दिरा गांधी का भी इंटरव्यू लिया था। अपनी बीमारी के दौरान उन्होंने एक लम्बी नज़्म लिखी थी और शीर्षक बीमारी का हमनाम था : 'कार्डियो स्पाज़्म'। ये लम्बी कविता जब किताबी रूप में छपी तो स्वर्गीय प्रधानमंत्री ज़ुल्फ़िकार अली भुट्टो के हाथों रस्म-ए-इजरा[7] हुआ।

संकलन : 'चेहरा-चेहरा मेरी कहानी' (ग़ज़लें और नज़्में)।

---

1. स्पष्ट 2.व्यक्त करना 3. विषय (बहु.) 4. प्रधानता 5. संपर्क 6. संरचना के मूल अंश, 7. पुस्तक विमोचन

बंगलादेश

कुछ और उजड़ी हैं आँखें
कुछ और सूखे हैं लब
कुछ और जिस्म तरसने लगे हैं कपड़ों को
कुछ और चेहरों पर उभरी है दास्तान-ए-अलम
कुछ और शह्र हुए बेअमाँ अज़ाबों से
कुछ और क़हर बढ़ा बस्तियों पे मौसम का
ये लोग किसके गुनाहों की पा रहे हैं सज़ा
लहू किसी ने बहाया सज़ा किसी को मिली

ग़ज़ल

1

औने-पौने ग़ज़लें बेचीं, नज़्मों का ब्योपार किया
देखो, हमने पेट की ख़ातिर क्या-क्या कारोबार किया

इस बस्ती के लोग तो सब थे चलती-फिरती दीवारें
हमने रंग लुटाती शब से, उजले दिनों से प्यार किया

ज़ेह्न से इक-इक कर के तेरी सारी बातें उतर गईं
कभी-कभी तो वक़्त ने हमको ऐसा भी नाचार किया

अपना आप भी खोया हमने, लोगों से भी छूटा साथ
इक साए की धुन ने हमको कैसे-कैसे ख़्वार किया

सारे अह्द का बोझ था सर पर, दिल में सारे जहाँ का ग़म
वक़्त का जलता-बलता सहरा हमने जिस दम पार किया

जागती गलियों, ऊँचे घरों में ज़र्द अँधेरा नाचता है
जिस लम्हे से हम डरते थे उसने आख़िर वार किया

शाम की ठंडी आहों में भी तेरी ख़ुशबू शामिल थी
रात गए तक पेड़ों ने भी तेरा ज़िक्र-अज़कार[1] किया

2

डिनर पर आज कोई उस सा आशना भी न था
वो इससे पहले अगरचे कहीं मिला भी न था

उसी ने आज बताया मुझे कि कौन हूँ मैं
वो जिसको आज से पहले मैं जानता भी न था

कहाँ हो क्यों हो, हर इक साँस पूछती है मुझे
कभी मैं अपने सवालों में यूँ घिरा भी न था

किसी की मेज़ पे ही रह गई न जाने क्यों
वो डायरी कि अभी जिस पे कुछ लिखा भी न था

मुझे न जाने वो सीने से क्यों लगाए फिरे
मैं कोई गुल भी न था, मौजा-ए-हवा भी न था

तमाम शह्र सदाओं के इक भँवर में हैं
मेरा मकान कभी ऐसे डोलता भी न था

वो जिसकी धुन में हम इतवार को भी घर न रहे
मिला तो अपनी तरफ़ शाम देखता भी न था

---

1. चर्चा

3

ले उड़ा ऐसे तेरा ध्यान मुझे
तू भी लगती है अब अनजान मुझे

हर सदा तेरी सदा लगती है
क्या बनाते हैं मेरे कान मुझे

रेत का ढेर बना दे न कहीं
धूप में तपता बियाबान मुझे

सनसनाते हैं दर-ओ-बाम-ए-ख़याल[1]
कर गया कौन ये वीरान मुझे

मैंने पहचान लिया है तुझको
अब न कर मुफ़्त परीशान मुझे

रच गई जिसमें तेरे दर्द की धूप
मैं वही शाम हूँ पहचान मुझे

4

बिजली की तरह घोर घटाओं पे गिरो भी
ढल जाए ये उमड़ी हुई शब, कुछ तो कहो भी

इस साये को, ख़ुशबू को ज़रा ग़ौर से देखो
फिर शह्र में आओ, इसे पहचान सको भी

कहती है तुम्हें कुछ तो पहाड़ों की ख़मोशी
कुछ देर रुको, कान लगाओ, तो सुनो भी

---

1. विचारों की खिड़कियाँ और दरवाज़े

राहों ने बड़े प्यार से फैलाए हैं बाज़ू
ये सर्द मकाँ छोड़ो, किसी सम्त चलो भी

बस यूँ ही चमकती हुई रंगत पे न जाओ
अंदर से कहीं तल्ख़ न हो, सेब चखो भी

5

जबसे वो रंगतों का हयूला[1] जुदा हुआ
गहना गया है प्यार का मेला भरा हुआ

हाय वो नर्म-नर्म हवा झूमते दरख़्त
जिस तरह चल रहा हो कोई ऊँघता हुआ

बुझते चराग़, हाँपती शब, अधखुले किवाड़
ऐसे में कौन है ये सर-ए-राह खड़ा हुआ

अब वो गुदाज़ छाँव है, न आहटों की गूँज
मेरे नगर के रास्तो! ये तुमको क्या हुआ

सीने के दश्त में हैं उमंगों के क़ाफ़िले
आँखों में ख़्वाहिशात का दरिया रुका हुआ

तेरा ख़याल, रेंगते लम्हे, उदास शाम
सायों का रक़्स, दिल का दरीचा[2] खुला हुआ

1. छाया 2. खिड़की

6

उसको तकते भी नहीं थे पहले
हम भी ख़ुद्दार थे कितने पहले

उसको देखा तो ये महसूस हुआ
हम बहुत दूर थे ख़ुद से पहले

दिल नज़र आते हैं अब आँखों में
कितने गहरे थे ये चश्मे पहले

खोए रहते हैं अब उसकी धुन में
जिसको तकते न थे पहले-पहले

हमको पहचान लिया करते थे
ये तेरे शह्र के रस्ते पहले

अब उजालों में भटक जाते हैं
राह सुझाते थे अँधेरे पहले

अब न अलफ़ाज़[1], न एहसास, न याद
इतने मुफ़लिस[2] न हुए थे पहले

रंग के जाल में आते न कभी
पास से देख जो लेते पहले

गर्म हंगामा-ए-काग़ज़ हैं यहाँ
बे-महक[3] फूल कहाँ थे पहले

शह्र नित पूछता है कौन हो तुम
लोग तुम से न थे तुमसे पहले

---

1. शब्द (बहु.) 2. निर्धन 3. जिनमें गंध न हो

एक-इक आँख है परतौ अपना
हम कहाँ बिखरे थे इतने पहले

हमने देखी न थी दिल की कालक[1]
कितने रौशन थे ये चेहरे पहले

शाम साहिब ज़रा मिलते जाएँ
उस तरफ़ जाने से पहले-पहले

7

लिख अपनी डायरी में कभी मेरा नाम भी
उन रंग-रंग लफ़्ज़ों में इक सादा नाम भी

दिन थे कि तेरी कार का नम्बर भी याद था
अब हैं कि हमको भूल गया अपना नाम भी

गर्मी थी वो, मकान का सब कुछ झुलस गया
दिल का वरक़ भी राख हुआ, उसका नाम भी

कल रात चूमता था तेरे होंट बार-बार
प्यासा था सख़्त मेरी तरह मेरा नाम भी

उससे ही ज़िंदगी है मेरे ख़ूँ के शह्र में
बर्फ़ीली ख़्वाहिशों में है इक जलता नाम भी

वो भूख थी मैं अपने ही अंदर को खा गया
मिलता नहीं है दूर तलक मेरा नाम भी

महमूद शाम पूछते हैं सब 'वो' कौन है
तुम ही कहो कि होता है ख़ुशबू का नाम भी

---

1. कालिख।

8

शब-ए-तन्हाई[1] है, उस क़ुर्ब[2] का एहसास भी है
ध्यान में फैली, जवाँ बाज़ुओं की बास भी है

दिल का इक-एक वरक़ इसने झुलस डाला है
ये सुलगता हुआ मौसम कि मुझे रास भी है

टूट सकता है शब-ए-तार[3] की ज़ुलमत[4] का हिसार[5]
इक इलाज इसका शब-ए-तार का एहसास भी है

ये यक़ीं है कि सभी फल हैं काग़ज़ के मगर
तेरे वादों, तेरी क़समों का मुझे पास[6] भी है

ढल गए हैं वो हसीं जिस्म गए लम्हों में
गर्दिश-ए-वक़्त में अब गर्मी-ए-अनफ़ास[7] भी है

अपने बिखरे हुए ज़र्रों को लिये फिरता हूँ
इन दिनों अपना ये बुहरान मुझे रास भी है

शाम इस शह्र में कैसे न लगे दिल कि जहाँ
रंग के सैल[8] रवाँ[9] और हमें प्यास भी है

9

उड़ती हुई दिल के फ़र्श पे बीते दिनों की राख
मैं हूँ, तेरा ख़याल है और सिगरिटों की राख

बदला जो साल हमको भी सबने भुला दिया
हम थे कि गुज़रे साल के कैलेंडरों की राख

---

1. एकांत की रात 2. सामीप्य 3. अँधेरी रात 4. अंधकार 5. घेरा 6. ख़याल, लिहाज़ 7. साँसों की गर्मी 8. सैलाब, 9. बहते हुए

गलियाँ भी सोच में हैं, दरीचे भी मह्व[1] हैं
वो कौन था बिखेर गया जो दिलों की राख

सब रंगते बुझा गई है वक़्त की हवा
दिल में छुपाए फिरते हैं अब ख़्वाहिशों की राख

वो लम्हा कौन-सा था कि जिसको न रोए हम
अब तक पलक-पलक है सजी आँसुओं की राख

फिर वो गली है, शाम है, तन्हाइयों का रक़्स
फैली है आस-पास कई आहटों की राख

10

आँख के शीशों में पहले रौशनी इतनी न थी
शक्ल कोई रंग में लिपटी हुई उतरी न थी

इस तरह देखी थी अपनी बेतरह हालत कहाँ
डोलती थी जिस्म की दीवार पर, गिरती न थी

मुद्दतों से जानते थे एक-दूजे को मगर
मैं न टूटा था कभी और वो भी यूँ बिखरी न थी

रौशनी थी तेज़ ऐसी खो गए सब रास्ते
कोई दरवाज़ा नहीं था और कोई खिड़की न थी

घूम-फिरकर माल पर, जब रात हम लौटे मगर
इक किरन दहलीज़ से लिपटी थी, कुछ कहती न थी

एक ख़ुशबू के भँवर में डूबता जाता है दिल
शाम साहिब ध्यान की नद्दी ही कम गहरी न थी

---

1. तल्लीन

11

ऐसे चुपचुप भी क्या जिया जाए
अब कहीं इश्क़ ही किया जाए

दिल के शीशे पे है ग़ुबार बहुत
आज कुछ देर रो लिया जाए

अजनबी शह्र, बे-नमक चेहरे
किसे हमराज़-ए-दिल किया जाए

जिस्म की प्यास है बुझेगी कहाँ
आब-ए-हैवाँ[1] ही गो पिया जाए

दिल है वीरान, शह्र भी ख़ामोश
फ़ोन ही उसको कर लिया जाए

एक दीवार-ए-जिस्म[2] बाक़ी है
अब इसे भी गिरा दिया जाए

हो गया तार-तार[3] हर मंज़र
शाम चाक-ए-नज़र[4] सिया जाए

12

मिल सके तुम न—मुक़द्दर अपने
हमसे बिछड़े भी तो हो कर अपने

वक़्त, एहसास-ए-फ़ना[5], कर्ब-ए-हयात[6]
किस क़दर बोझ हैं दिल पर अपने

---

1. अमृत जल 2. शरीर की दीवार, प्राण 3. चिथड़े-चिथड़े 4. आँख का फटा हुआ भाग
5. मृत्यु का ध्यान 6. जीवन का दुख

टूट जाते हैं, बिखर जाते हैं
काँच के घर हैं मुक़द्दर अपने

ज़िंदगी हो गई लम्हों की असीर[1]
वक़्त ने काट दिये पर अपने

जगमगाता ही रहा शह्र-ए-ख़याल
दिल जलाए हैं बराबर अपने

अजनबी प्यार से मिलते हैं सदा
भूल जाते हैं तो अक्सर अपने

दिल भी वीराँ हुआ, आँखें ख़ाली
शाम लूटे गए सब घर अपने

13

ख़याल चीख़ते हैं, ख़्वाहिशें तरसती हैं
कहाँ हैं, जिसके लिए धड़कनें तरसती हैं

तेरे बदन के झलकते ही दौड़ जाती थी
उस एक लह्र को अब तक रगें तरसती हैं

वो गर्म साँस, जवाँ लम्स, तेज़-तेज़ महक
कि बिस्तरे पे पड़ी सलवटें तरसती हैं

इमारतों ने हर इक सम्त सर उठाए हैं
कहाँ है प्यासी ज़मीं, बारिशें तरसती हैं

वो रंग जिसके लिए शह्र इंतज़ार में है
वो शाम जिसके लिए चिलमनें तरसती हैं

1. बंदी

सरशार सिद्दीक़ी

सरशार सिद्दीक़ी का जन्म 25 दिसंबर, 1926 को कानपुर में हुआ। 1944 से शायरी शुरू की। मई, 1950 में पाकिस्तान चले गए। फिर नेशनल बैंक ऑफ़ पाकिस्तान के पब्लिक रिलेशन डिपार्टमेंट में 'क़ौमी बैंकर' पत्रिका के संपादक रहे।

अपनी शायरी के बारे में सरशार ने लिखा है : "मेरी शायरी का ख़मीर[1] ग़म-ए-आशिक़ी[2] से नहीं, ग़म-ए-ज़िंदगी से उठा है। मैं समझता हूँ कि आज के दौर में प्रेम का खेल एक तिजारत[3] है जो मुझे कभी मयस्सर न हुई। नितांत काल्पनिक और भ्रामक क़िस्म के इश्क़िया ख़्वाबों में भी मेरी एक्टिव ज़िंदगी को कोई दिलचस्पी नहीं रही। रोज़ी-रोटी के फ़िक्र की कोख से जन्म लेने वाली शायरी ज़िंदगी के कड़वे और खट्टे ज़ायक़ों का मज़ा चखती है। ठोस हक़ीक़तों के रास्ते पर क़दम बढ़ाती है। आर्थिक रिश्तों की तलाश और इंसाफ़ की जुस्तजू[4] करती है। सदाक़त-ओ-इंबिसात[5] का सुराग़[6] लगाती है और तख़लीक़[7] और इज़्हार[8] को ज़िंदगी और अदब के असरी[9] तक़ाज़ों से मरबूत[10] रखने का अमल आगे बढ़ाती है। मेरा युग, चिंतन-मनन, आविष्कार, भावनाओं को यथार्थ की कसौटी पर परखने का युग है। मेरी अंतरात्मा को संतोष है कि मैंने अपनी मामूली शायरी की कमज़ोर और छोटी आवाज़ को पूरे संसार में इंसानियत के लिए बुलंद होने वाली आवाज़ों से मिलाने की कोशिश की है।"

अनवर सदीद ने लिखा है : "सरशार सिद्दीक़ी को मैं ऐसे शायरों में गिनता हूँ जो एक अर्से से हासिल का अफ़सोस किए बग़ैर बर्क की इबादत[11] कर रहे हैं। उनकी शायरी महज़ साहित्य रचना नहीं बल्कि वो इबादत है जिसमें भावनाएँ

---

1. आधार 2. प्रेम का दुख 3. व्यापार 4. तलाश 5. सच्चाई और आनंद 6. खोज 7. रचना 8. अभिव्यक्ति 9. सामयिक 10. क्रमबद्ध 11. यहाँ इशारा मिर्ज़ा ग़ालिब के इस शेर की तरफ़ है : सरापा रहने-इश्क़ो-नागुज़ीरे-उलफ़तेहस्ती/इबादत बर्क़ की करता हूँ और अफ़सोस हासिल का 12. शरीर और मन पर ओस पड़ने जैसी मस्ती (हालत)

अभिव्यक्ति की राह पा कर जिस्म-ओ-जाँ पर शबनमी कैफ़ियत तारी[12] कर देती हैं। अहम बात ये है कि सरशार सिद्दीक़ी ने ग़म-ए-दौराँ और ग़म-ए-ज़िंदगी के घमसान में अपनी शायरी का सफ़र तय करते हुए उन हालात को शेर में उतारने की कोशिश की है जिन्हें आम शायर नज़र-अंदाज कर देते हैं। उन्हें एहसास है कि शह्र को मुसलसल[1] दीमक खा रही है। चुनांचे उनकी नज़्में, सोए हुए आदमी को ऊँची आवाज़ से उठाने की कोशिश करती हैं। सरशार सिद्दीक़ी के यहाँ एक जीते-जागते महबूब का सरापा भी दिखाई देता है। लेकिन ये महबूब वक़्त आने पर आँचल को परचम बनाने की सलाहियत[2] रखता है।"

सरशार सिद्दीक़ी का एक संकलन 'बेनाम' 1983 में प्रकाशित हुआ।

07 सितंबर, 2008 को इनका निधन हो गया।

1. लगातार 2. योग्यता

निर्वाण

इक ज्ञानी मुझसे पहले भी
इस ध्यान-नगर में आया था
जिस पर भगवान का साया था

कहते हैं कि वो सच्चा ज्ञानी
सब झूटे बंधन ठुकराकर
सब राज-सिंघासन ठुकराकर
सब अपना तन-मन ठुकराकर
मुक्ति की शरण में आया था
निर्वाण के बन में आया था।

इस बात को सदियाँ बीत चुकीं
सच्चाइयाँ झूट को जीत चुकीं
पर झूट तो आज भी ज़िंदा है
ज़िंदा है और ये पूछता है
वो ज्ञान कहाँ का सच्चा है
जो प्रेम की आग का दुश्मन हो

जो जीवन-राग का दुश्मन हो
जो सेज-सुहाग का दुश्मन हो
वो सच्चा ज्ञानी क्या जाने
जो सच्चाई झुटलाता है

जो आत्मा को ठुकराता है
परमात्मा कब बन पाता है?

मैं ऐसा मूरख ज्ञानी हूँ
जो ध्यान के चटियल सहरा में
इस जीती-जागती दुनिया में
दीवार-ओ-दर की पनाह में हूँ
सरमाया-ओ-मेहनत-गाह[1] में हूँ
निर्वाण की सच्ची राह में हूँ
घर-बार है, बीवी बच्चे हैं
आदर्श यही तो सच्चे हैं
जीवन की तपती धूप में हूँ
मैं ख़ुद भगवान के रूप में हूँ

एतिबार

मुझे ख़बर है
ये ख़ुद-परस्ती[2] नहीं है, लेकिन
न जाने क्यों जी ये चाहता है
कि आज अपने वो होंट
ख़ुद चूम लूँ
जिन्होंने
किसी के हाथों को
बोसा-ए-अव्वलीं[3] दिया है

ये ख़ुद-परस्ती भी है
तो किस दरजा मोतबर[4] है
मुझे ख़बर है

---

1. पूँजी और कार्यशाला 2. अहंकार की भावना 3. पहला चुम्बन 4. विश्वस्त

दर्द का सूरज

क्या ज़ख़्म-ए-जिगर क्या गुंचा-ए-लब[1]
क्या चाँद-सितारे और कली
हँसते जो किसी को देख लिया
आँखों में नमी सी तैर गई

जुज़[2] अपने किसे ये ज़ख़म मिला
महसूस हुआ ये दर्द किसे
किस शक्ल से उसको पहचानें
किस नाम से दें आवाज़ उसे

तशबीह-ओ-अलामत[3] के सारे
दरवाज़े हम पर बंद हुए
किस दुख ने हमें अपनाया है
किस दर्द के हम पाबंद हुए

ये ज़ख़्म हमारा अपना है
ये दर्द मता-ए-आम[4] नहीं
इस ज़ख़्म की कोई शक्ल नहीं
इस दर्द का कोई नाम नहीं

ग़ज़ल

1

ख़लवत-ए-ज़ात[5] है और अंजुमन-आराई[6] है
बज़्म सी बज़्म है, तनहाई सी तनहाई है

1. होंठ की कली 2. अतिरिक्त 3. उपमा और प्रतीक 4. सर्वव्यापक पूँजी 5. अस्तित्व का एकांतवास 6. सभा में उपस्थित

वो है ख़ामोश मगर उसके सुकूत-ए-लब[1] पर
रक़्स करता हुआ इक आलम-ए-गोयाई[2] है

जब अँधेरे मेरी आँखों का लहू चाट गए
तब इन आँखों में रफ़ाक़त[3] की चमक आई है

अब ख़ुदा उसको बनाया है तो याद आता है
जैसे उस बुत से तो बरसों की शनासाई[4] है

नींद टूटी है तो एहसास-ए-ज़ियाँ[5] भी जागा
धूप दीवार से आँगन में उतर आई है

पस-ए-दीवार-ए-अबद[6] देख रहा हूँ ऐ दोस्त
मेरी आँखों में मेरे अह्द[7] की बीनाई[8] है

मेरे चेहरे पे है वो अक्स कि आईना-ए-ज़ात[9]
कभी मेरा कभी ख़ुद अपना तमाशाई है

मेरे सच में तो कोई खोट नहीं था सरशार[10]
फिर ये क्यों ज़ह्र से तिरयाक़[11] की बू आई है

2

हिद्दत-ए-जाँ से पिघलते हुए जिस्म
वस्ल की शक्ल में ढलते हुए जिस्म

जिस्म की तरह बदलते हुए रंग
रंग की तरह बदलते हुए जिस्म

---

1. होंठों का मौन 2. बोलता हुआ संसार 3. दोस्ती 4. पहचान 5. हानि का अनुभव 6. अनंत काल की सीमा से परे 7. ज़माना 8. दृष्टि 9. अस्तित्व का आईना 10. मस्त 11. विष का नाशक

कितने शादाब-ओ-शगुफ़्ता[1] ठहरे
अपनी ही आग में जलते हुए जिस्म

चाँदनी, फूल, शरारा, शबनम
नित-नए साँचों में ढलते हुए जिस्म

हर क़दम लग़्ज़िश-ए-ना-दानिस्ता[2]
और दानिस्ता सँभलते हुए जिस्म

3

इसी काविश में उम्र हो गई सर्फ़
लिख सकूँ अपनी सोच हर्फ़-ब-हर्फ़[3]

लफ़्ज़ बन कर छलक पड़े जज़्बे
मैंने देखा है अपने शौक़ का ज़र्फ़

मैंने उसको वफ़ा-शिआर[4] लिखा
कितने बेआबरू हुए ये हर्फ़

चुपके-चुपके सुलग रहा है वुजूद
धीरे-धीरे पिघल रही है बर्फ़

कितनी बातें हैं मावरा-ए-सुख़न[5]
कितने ना-दीदा[6] हर्फ़ हैं पस-ए-हर्फ़[7]

---

1. हरा-भरा और प्रफुल्लित 2. अनजाने में लड़खड़ाना 3. अक्षरशः 4. प्रेमी 5. काव्य से परे 6. अदृश्य 7. अक्षर के पीछे

4

मेरे बदन में थी तेरी ख़ुशबू-ए-पैरहन[1]
शब-भर[2] मेरे वुजूद में महका तेरा बदन

मैं अपने ही हुजूम-ए-तमन्ना[3] में अजनबी
मैं अपने ही दयार-ए-नफ़स[4] में जलावतन

सब पत्थरों पे नाम लिखे थे रफ़ीक़ों के
हर ज़ख़्म-ए-सर[5] है संग-ए-मलामत[6] पे ख़ंदा-ज़न[7]

अब दश्त-ए-बे-अमाँ ही में शायद मिले पनाह
घर की खुली फ़ज़ा में तो बढ़ने लगी घुटन

हर आदमी है पैकर-ए-फ़रियाद[8] इन दिनों
हर शख़्स के बदन पे है काग़ज़ का पैरहन[9]

ख़ुश-फ़हम हैं कि सिर्फ़ रिवायत-परस्त[10] हैं
ख़ुश-फ़िक्र थे कि ले उड़े तारीख़ का कफ़न

इस दौर में यहाँ भी फ़िलिस्तीन की तरह
कुछ लोग बे-ज़मीं हुए कुछ लोग बे-वतन

मिस्ल-ए-सबा[11] कोई इधर आया उधर गया
घर में बसी हुई है मगर बू-ए-पैरहन[12]

सरशार मैंने इश्क़ के मानी बदल दिये
इस आशिक़ी में पहले न था वस्ल[13] का चलन

---

1. वस्त्रों की सुगंध 2. रात भर 3. कामनाओं की भीड़ 4. साँस का घर 5. सिर का ज़ख़्म 6. निंदा का पत्थर 7. हँसी उड़ाने वाला 8. सहायता के लिए पुकारने वाला 9. लिबास 10. परंपरावादी 11. हवा की भांति 12. वस्त्र की सुगंध 13. मिलन

5

मुझे गर इश्क़ का अरमान होता
तो घर में मीर का दीवान होता

किसी तक़रीब का सामान होता
कि हमसाया मेरा मेहमान होता

तो फिर मैं किससे पाता वस्ल की दाद
जो तू भी कमसिन-ओ-नादान होता

न होते फ़ासलों के शह्र में हम
तो फिर मिलना बहुत आसान होता

अगर सब लोग होते मुझसे छोटे
तो मैं सबसे बड़ा इंसान होता

जिसे भी सौंप देते हम ख़ुदाई
वही फ़िरऔन-ए-बेसामान[1] होता

हुए लौह-ओ-क़लम[2] ईजाद, वर्ना
अभी तक आदमी हैवान होता

जिसे दिल में छुपाए फिर रहे हैं
अगर लब पर वही तूफ़ान होता

न अपनी ज़ात से बाहर निकलते
न अपनी ज़ात का इरफ़ान[3] होता

---

1. मिस्र देश के प्राचीन बादशाहों की उपाधि, उर्दू काव्य में फिरऔन का नाम घमंड, अहंकार, अत्याचार और ईश्वर-विरोध के प्रतीक के रूप में प्रयुक्त होता है। 2. तख़्ती और क़लम 3. ज्ञान

हर इसराइल[1] को तसलीम करता
अगर मैं वाली-ए-ईरान[2] होता

क़िलोपतरा[3] अगर क़ातिल ही होती
तो सारा रोम[4] क़ब्रिस्तान होता

तेरी महफ़िल में आ कर सोचता हूँ
न आता तो बहुत नुक़सान होता

ख़ुदा पर, आदमी पर या सनम पर
किसी पर तो तेरा ईमान होता

अगर मैं भाग जाता ज़िंदगी से
तो गौतम की तरह निर्वान होता

लहू[5] से ढालते ख़ुर्शीद[6] कोई
तो शायद सुबह का इमकान[7] होता

मैं अपने सामने आईना रखता
फिर अपने अक्स पर क़ुर्बान होता

जो मिलती रिज़्क़[8] के धंदों से फ़ुर्सत
तो लिख मरने का कुछ इमकान[9] होता

जो मैं सच्ची ग़ज़ल लिखता तो सरशार
वही हर शेर का उनवान[10] होता

---

1. इज़राइल देश 2. ईरान का शासक 3. क्लियोपैट्रा, मिस्त्र की रानी, जूलियस सीजर की प्रेमिका 4. रोम (यूनान) 5. रक्त 6. सूर्य 7. संभावना 8. जीविका 9. संभावना 10. शीर्षक

अशआर

मिसाल-ए-आतिश-ए-ख़ामोश[1] ख़ाक होते रहे
हम अपने ज़ह्र से ख़ुद ही हलाक[2] होते रहे

ग़म-ए-हयात[3] के इस हौलनाक[4] सहरा में
तेरा बदन शजर-ए-सायादार[5] है मुझको

मैं अपनी आँखों को उस वक़्त मोतबर[6] जानूँ
कि आईना भी जो देखू तो तू नज़र आए

---

1 बुझी या दबी हुई आग की तरह 2. किसी घटना में मरा हुआ 3. जीवन-संताप 4. भयानक 5. छायादार वृक्ष 6. विश्वस्त

सलीम बेताब

सलीम बेताब का जन्म 2 अप्रैल, 1940 को जालंधर में हुआ। शिक्षा : बी.ए. इस्लामिया कॉलेज, लॉयलपुर से किया। एम.ए. (उर्दू) ओरियंटल कॉलेज, लाहौर (पंजाब यूनिवर्सिटी) से। पेशा अध्यापन रहा।

सलीम बेताब उन चंद शायरों में हैं जिन्होंने अपने अह्द की ख़ौफ़नाकियों के मुक़ाबले में हथियार नहीं डाले, आधुनिक कहलाए जाने के मोह में उबकाऊ उपरूपकों की उठक-बैठक नहीं की।

अपनी क़लम का इस्तेमाल कोढ़ पर कशीदाकारी के लिए नहीं, कामकाजी कचकच के कबाड़ में कल्पनाओं की कतर-ब्योंत को कैफ़ियत देने के लिए किया है।

ग़ज़लों का संकलन 'लम्हों की ज़ंजीर' 1972 में प्रकाशित हुआ।

1974 में इनका निधन हो गया।

ख़्वाहिशों की आमरीयत[1]

ये ख़्वाहिशें, काली देवियाँ हैं
कि जिनके पंजे गड़े हुए हैं
मेरे बदन पर, ये लम्हा-लम्हा
मेरे लहू से ख़िराज[2] ले कर
निखरती जाएँ, बिखरती जाएँ
मेरी रगों में उतरती जाएँ

ये ख़्वाहिशें हैं कि बन के आकास बेल मुझसे
लिपट गई हैं!
मेरे बदन का शजर[3] है उरयाँ[4]
कि इसके पत्तों की ताज़गी को
ये डायनें हज़्म कर गई हैं
मेरे ही अंदर बिखर गई हैं

उसे काश मुझसे मुहब्बत न होती

मेरे वास्ते रात-भर जागने की अज़ीयत[5] को बेख़्वाब पलकों में ले कर
वो रोती रही है!
मेरी राह तकते हुए उसकी आँखें बुझी जा रही हैं

---

1. तानाशाही 2. अधीन राज्य की ओर से प्रभु राज्य को दिया जाने वाला कर 3. पेड़ 4. नग्न
5. यातना

मुझे उसकी मासूम आँखों के दुख पर नदामत[1] का एहसास डसने लगा है
मुझे उसके मासूम दिल से हज़र[2] है
वो मासूम दिल जो मेरी क़ुर्बतों[3] के लिए रात-दिन बेक़रारी के गिर्दाब[4]
में मुब्तला[5] है
मुझे देखती है तो उसकी नज़र, जगमगाते सितारों का बनती है मसकन[6]
गुलों की महक उसकी साँसों में घुल कर, दर-ओ-बाम[7] में इत्र सा घोलती है
मसर्रत[8] की क़ौस-ए-क़ुज़ह[9] उसके रुख़ पर समाँ बाँधती है
वो मेरे लिए एक इखलास-ओ-ईसार[10] की ज़िंदगी है
हसीं रौशनी है!

मगर मैं जो उसकी नज़र से हूँ ओझल,
उसे फ़ुर्क़तों[11] की चिता में जलाने, परीशान करने का वाहिद[12] सबब हूँ!
वो मेरे लिए अपने पुर-कैफ़[13] लम्हे भस्म कर रही है।
मुझे उसकी मजबूरियों पर, नदामत का एहसास डसने लगा है!
मेरे वास्ते रात भर जागने की अज़ीयत हैं उसकी नज़र से हुवैदा[14]
मेरी राह तकते हुए उसकी आँखें बुझी जा रही हैं
हसीं आरज़ुएँ मिटी जा रही हैं
उसे काश मुझसे मुहब्बत न होती

समझौता

अजीब नादाँ थे हम भी दोनों
समझ रहे थे
बिछड़ के इक-दूसरे से ज़िंदा न रह सकेंगे
ग़म-ए-जुदाई न सह सकेंगे
ये सोचते थे कि गर ज़माने ने

---

1. पश्चात्ताप 2. भय 3. सामीप्य (बहु.) 4. भँवर 5. घिरा हुआ 6. घर 7. दरवाज़ा और खिड़की 8. आनंद 9. इंद्रधनुष 10. स्नेह और स्वार्थत्याग 11. विरह (बहु.) 12. एक 13. आनंदमय 14. प्रकट

हमको इक-दूसरे से छीना
तो ख़ुदकुशी में पनाह ढूँढेंगे!
ज़हर खाएँगे, मर मिटेंगे
कभी न इक-दूसरे की फ़ुर्क़त[1] क़बूल होगी
ये एक ज़िद ही हमारा ज़र्रीं[2] उसूल होगी

मगर ये क्या है?
कि मैं भी ज़िंदा हूँ, वो भी ज़िंदा
न मुझको फ़ुर्क़त का कोई ग़म है
न वो है अपने किये पे नादिम[3]
मैं अपने घर में हूँ कितना शादाँ[4]
वो अपने घर में बहुत सुखी है!
न मुझको उससे है कुछ शिकायत
न उसको मुझसे कोई गिला है!
अजब ये लम्हों का सिलसिला है!
कि जिसने दोनों को ज़िंदा रहने का
क़ीमती गुर सिखा दिया है।

ग़ज़ल

1

आँख के कुंज में इक दश्त-ए-तमन्ना ले कर
अजनबी देस को निकले, दिल-ए-तन्हा ले कर

देख तो, खोल के तारीक[5] मकाँ की खिड़की
हम तेरे शह्र में आए हैं उजाला ले कर

हम भी पहुँचे थे गुलिस्ताँ में सुकूँ की ख़ातिर
आ गए ज़ेह्न में तपता हुआ सहरा ले कर

---

1. विरह 2. सुनहरी 3. लज्जित 4. प्रसन्नचित्त 5. अँधेरा

अब निगाहों की जराहत[1] को लिये सोचते हैं
क्यों गए बज़्म में हम ज़ौक़-ए-तमाशा लेकर

कब से फ़रियाद-ब-लब[2], आब-तलब है शीरीं
आज फ़रहाद भी निकला नहीं तेशा[3] लेकर

रू-सियह तेरे, बने चश्म-ओ-चराग़-ए-ज़िंदाँ[4]
घूम अब शह्र में तू, चेहरा-ए-ज़ेबा[5] लेकर

इस चकाचौंध में अब मुझको दिखाई क्या दे
आ गए आप तो इक नूर का दरिया लेकर

अब भी हालात के शोलों में घिरा हूँ बेताब
आ ही पहुँचा है कोई, फूल-सा चेहरा लेकर

2

आग-सी बरसती है, सब्ज़-सब्ज़ पत्तों से
दूर भागते हैं लोग, शह्र के दरख़्तों से

पिछली रात, जब हर सू ज़ुलमतों[6] का पहरा था
एक चाँद निकला था उन हसीं दरीचों से

जाने छू गए होंगे किसके फूल-से पाँव
इक महक-सी उठती है इस नगर के रस्तों से

आज के ज़माने में किसको है सुकूँ हासिल?
सब हैं बर-सर-ए-पैकार[7] अपनी-अपनी सोचों से

1. घाव 2. होंठों पर फ़रियाद लिये 3. कुदाल 4. कारागार के प्यारे 5. सुंदर मुख 6. अंधकार
7. लड़ने-मरने पर तैयार

तू सदा न दे मुझको, वर्ना लौट आऊँगा!
मैं तेरे ही ख़्वाबों के पुरसुकूँ जज़ीरों से

तीरगी से भी जिसकी फूल-से झड़ें बेताब
क्यों वो रौशनी माँगे, दूसरों की सुबहों से

3

जी में आता है कि इक रोज़ ये मंज़र देखें
सामने तुझको बिठाएँ तुझे शब भर देखें

बंद है शाम से ही शह्र का हर दरवाज़ा
आ शब-ए-हिज्र कि अब और कोई घर देखें

ऐसे हम देखते हैं दिल के उजड़ने का समाँ
जिस तरह दासियाँ, जलता हुआ मंदिर देखें

आज भी शह्र में है मेरी वफ़ा की शोहरत
आएँ और आ के ज़रा मेरे सितमगर देखें

मेरे जंगल में ही मंगल का समाँ है पैदा
शह्र के लोग मेरे गाँव में आ कर देखें

4

ख़ुद अपने अक्स को हैरत से देखता हूँ मैं
कनार-ए-आब[1] बड़ी देर से खड़ा हूँ मैं

स्वाँग भरता फिरूँ कब तलक मुहब्बत के
मैं क्यों न साफ़ ही कह दूँ कि बेवफ़ा हूँ मैं

1. पानी के किनारे

सुना न क़िस्से मुझे दामनों की इस्मत[1] के
कि तेरे शह्र के लोगों को जानता हूँ मैं

वो कौन है जो मेरे साथ-साथ चलता है
ये देखने को कई बार रुक गया हूँ मैं

मैं आज देख सकूँगा तुलू[2] का मंज़र फिर
कि रात बीत चली और जागता हूँ मैं

सितम है तू भी मुझे ख़ुद-ग़रज़ समझता है
तो तेरे हक़ में तो ख़ुद से भी लड़ रहा हूँ मैं

वो जी रहे हैं कि जो सोच से हुए आरी[3]
मैं मर रहा हूँ कि बेताब सोचता हूँ मैं

5

चेहरे पे उसके अश्क की तहरीर बन गई
वो आँख मेरे दर्द की तफ़सीर[4] बन गई

मैंने तो यूँ ही राख में फेरी थीं उँगलियाँ
देखा जो ग़ौर से, तेरी तसवीर बन गई

हर सम्त हैं कटी पड़ी फूलों की गर्दनें
अब के सबा[5] ही बाग़ में शमशीर[6] बन गई

उसकी नज़र तो कहती थी, परवाज़[7] के लिए
मेरी ही सोच पाँव की ज़ंजीर बन गई

---

1. सतीत्व, पवित्रता 2. सूर्योदय 3. वंचित 4. व्याख्या 5. पुरवा हवा 6. तलवार 7. उड़ान

जिस सम्त वो उठी है उधर मुड़ गई हयात[1]
उसकी नज़र ही गर्दिश-ए-तक़दीर[2] बन गई!

क्या जाने कैसे सीना-ए-शायर से फूट कर
इक दर्द की लकीर, जहाँगीर[3] बन गई

6

मैं पुजारी था मगर मेरा कोई मंदिर न था
जो भी था पहल में मेरे, वो मेरा दिलबर न था

किस क़दर दिलकश लगीं सपने में गलियाँ शह्र की
खुल गई जब आँख तो फिर वो हसीं मंज़र न था

जाने क्या शय, दिल के आईने के टुकड़े कर गई
देखने में उसके हाथों में कोई पत्थर न था

बदहवासी थी मेरी या तुझसे मिलने की लगन
जिस पे दस्तक दे रहा था मैं वो तेरा घर न था

बैठे-बैठे यूँ लगा जैसे पुकारे तू मुझे
खोल कर देखा जो दरवाज़ा, कोई बाहर न था

वो तो था शायद कोई बेताब पत्थर का बदन!
छू के देखा था जिसे मैंने तेरा पैकर न था

7

यूँ सुनहरी धूप बिखरी है रुख़-ए-कोहसार[4] पर
जिस तरह ग़ाज़ा[5] चमकता है तेरे रुख़सार पर

---

1. जीवन 2. भाग्य-चक्र 3. विश्वव्यापी 4. पहाड़ पर 5. लाली

उड़ते लम्हों को पकड़ने की तमन्ना है अबस[1]
ये परिंदे तो कभी टिकते नहीं अशजार[2] पर

वो मेरे चेहरे पे क्या माज़ी की तहरीरें पढ़े
उसकी नज़रें तो जमी हैं आज के अख़बार पर

आज तो इक हादसा उसको भी नंगा कर गया
लाख परदे थे पड़े जिस शख़्स के किरदार[3] पर

आरज़ू ये है कि तू ऐ काश हो जाए अमर
नाम तेरा लिख रहा हूँ रेत की दीवार पर!

कैसे-कैसे लोग आख़िर किस तरह रौंदे गए
कौन है बेताब क़ादिर वक़्त की रफ़्तार पर

8

दास्तानों में वो जादू है न तफ़सीरों[4] में है
जो तेरी आँखों की बेआवाज़ तक़रीरों में है

रायगाँ[5] हैं कल की ख़ुशियाँ, कल के ग़म भी बे-असर
अब भला रक्खा ही क्या, माज़ी की तसवीरों में है

तेरी आँखों में अगर पढ़ने की हिम्मत है तो पढ़
क़र्ब[6] का मज़मूँ, मेरे माथे की तहरीरों में है

उसके इक-इक अंग में, वो बारहा पाई गई
जो तनासुब[7] की कशिश, तरशे हुए हीरों में है

वो चुभन, शेरों में ढल जाए तो महशर[8] हो बपा
जो अभी उस शख़्स की गुफ़्तार[9] के तीरों में है

---

1. निरर्थक 2. पेड़ (बहु.) 3. चरित्र 4. व्याख्या (बहु.) 5. निष्फल 6. यातना 7. अनुपात 8. प्रलय 9. बातचीत

हर क़दम पर चीख़ उठती हैं हज़ारों घंटियाँ
नग़मगी[1] कैसी मेरे पाँव की ज़ंजीरों में है

आँख खुलते ही अजब धड़का सा दिल को लग गया
वो कहाँ सपनों में था जो उनकी ताबीरों[2] में है

मुतमइन[3] हैं हम किसी सूरत, न मंज़र से हैं ख़ुश
ना-शकेबाई[4] का निश्तर अपनी तक़दीरों में है

धूप की शिद्दत ने उनको कर दिया गरचे निढाल
फिर भी चलने की लगन, बेताब रहगीरों में है

9

किसी की नब्ज़ पे इस तरह उँगलियाँ रख दे
कि तेरे सामने वो दिल की दास्ताँ रख दे

मैं ज़ख़्म-ज़ख़्म बदन को छुपाऊँ किस-किस से
ख़ुदा के वासते तू हाथ से कमाँ रख दे

तू एक बार मुझे धरने दे ज़मीं पे क़दम
फिर इसके बाद मेरे सर पे आसमाँ रख दे

जो देखना है, मेरी रूह की तवानाई[5]!
तो मेरे जिस्म को, शोलों के दरमियाँ रख दे

उठा सके न अगर कोई भी ज़मीर का बोझ
मेरे ही दोश[6] पे ये बार-ए-दो-जहाँ[7] रख दे

ख़ुदा की देन की क्या बात है जो वो चाहे
दहान-ए-संग[8] में भी फूल की ज़ुबाँ रख दे

---

1. संगीत 2. स्वप्नफल 3. संतुष्ट 4. अधीरता 5. शक्ति 6. कंधा 7. संसार और परलोक का बोझ 8. पत्थर का मुँह

10

फ़िक्र का कौंदा[1] नहीं, जज़्बे का भड़काव नहीं
है यही जीना तो इस जीने पे इतराओ नहीं

किरचियों से मेरी उभरेगा नया इक आईना
इक नई तशकील[2] है, ये मेरा बिखराव नहीं

फ़िक्र की परवाज़ बन सकती है वजह-ए-ख़ुदकुशी[3]
तंग चादर में ज़ियादा पाँव फैलाओ नहीं

मेरे दुश्मन ही के माथे से टपकता है लहू
और मेरे जिस्म पर तो एक भी घाव नहीं

तिनका-तिनका बन के उसमें बह गया मेरा वुजूद
एक तूफ़ाँ था, तेरी आँखों का छलकाव नहीं

इसमें शामिल हैं तेरे क़ामत[4] के दिलकश दायरे
ख़ूबी-ए-क़ौस-ए-क़ुज़ह[5], रंगों का छिड़काव नहीं

आ लगे तो एक जुंबिश में, मेरे सीने के साथ
दूर-रस इतना मेरी बाँहों का फैलाव नहीं

रेज़ा-रेज़ा[6] क्यों न हो अब शह्र-ए-आईना मेरा
किस मकाँ पर संगदिल लोगों का पथराव नहीं

ग़ौर से देखो ज़रा, अपने हक़ीक़ी[7] ख़द्द-ओ-ख़ाल[8]
आईने के सामने बेताब शरमाओ नहीं

---

1. कौंधा, बिजली की चमक 2. आकार 3. आत्महत्या का कारण 4. शरीर 5. इंद्रधनुष का गुण 6. कण-कण 7. वास्तविक 8. नैन-नक़्श

हसन आबिद

हसन आबिद ने लिखा है, "शेर की तरफ़ प्रवृत्ति मेरे माहौल की देन है। मेरी दादी जो पढ़ना-लिखना नहीं जानती थीं अपने मज़हबी जज़्बात का इज़हार शेरों में करती थीं और जब भी ख़ानदान का कोई लड़का हाथ आ जाता वे उसे बिठाल कर अपने अशआर लिखवा लेतीं। मेरे वालिद मौलाना सय्यद मुहम्मद साजिद शायर थे। इनके अलावा मेरी ददिहाल का माहौल भी अच्छा-ख़ासा अदबी था। कई औरतें शेर कहतीं और अक्सर यूँ भी होता कि घरेलू लड़ाइयाँ शायरी के ज़रिये लड़ी जातीं। जोश और अख़्तर शीरानी महबूब शायर हुआ करते जिनकी नज़्में नक़ल कर के रखी जातीं और मज़े ले-लेकर पढ़ी जातीं। इस तरह हम छोटों के ज़ेहन भी उन नज़्मों की रंगीन फुहारों में नहा गए।

"मेरे वालिद इक़बाल को बहुत पसंद करते थे। उन्होंने मुझे बचपन ही में अल्लामा इक़बाल की कई नज़्में याद करा दी थीं। होता यूँ कि जब शाम को घर के आँगन में पलंग बिछाए जाते और मैं लेटता तो सोने से पहले मेरे वालिद साहिब उन नज़्मों को ज़रूर सुनते। रोज़ाना के इस वज़ीफ़े ने और कुछ किया हो या न किया हो मगर मुझमें आहंग का एहसास ज़रूर पैदा किया। चुनाँचे जब मैंने पहली ग़ज़ल कही और अपने महल्ले के एक बुज़ुर्ग शायर को दिखाई तो उन्हें देर तक इस बात पर हैरत रही कि मेरा कोई शेर वज़्न से ख़ारिज नहीं था।

"मैं अपने घराने को ज़मींदार घराना नहीं कहूँगा। अगरचे कुछ ज़मीनें और बाग़ हमारी मिल्कियत ज़रूर थे लेकिन ज़्यादातर लोग नौकरी-पेशा थे। वालिद मरहूम जागीराना तर्ज़-ए-ज़िंदगी से सख़्त नफ़रत करते थे। मुझे अच्छी तरह याद है कि वे मुझसे जब भी ख़फ़ा होते तो कहते 'मैं तुम्हें ऐसी सज़ा दूँगा कि तुम्हारे दिमाग़ से जागीरदारी बन्नाटा निकल जाएगा।' ऐसा उस वक़्त होता जब मैं मेहनत से जी चुराता या किसी काम को छोटा समझकर मुँह बनाता। वे मेहनत की अज़मत[1] के कायल थे और मुझे भी ऐसा ही करने को कहते। उनके नज़दीक इस्लाम एक

---

1. महत्त्व

इंतिहाई[1] सादा मज़हब था जिसमें जागीरदारी और सरमायादारी की कोई गुंजाइश न थी। उन्होंने मुझे कभी किसी किताब को पढ़ने से नहीं रोका। वे कहते थे कि आदमी को मुख़्तलिफ़[2] नज़रियात[3] रखने वाली किताबों का मुताला[4] करना चाहिए।

"दूसरी शख़्सियत जिससे मैं प्रभावित हुआ वे मेरे चचा सय्यद अबुल हसन सैफ़ शादानी थे। उनका फ़ारसी का ज़ौक़[5] बहुत निखरा हुआ था। वे एक सादा मिज़ाज और बेबाक इंसान थे। एक ऐसे वक़्त जबकि मेरे वालिद समेत सारे ख़ानदान वाले मुस्लिम लीग के तरफ़दार थे, वे अकेले आदमी थे जो खद्दर-पोश नेशनलिस्ट थे। उन्होंने सियासत में भी हिस्सा लिया। लेकिन कुछ मजबूरियों की वजह से ये सिलसिला जारी न रह सका।

"माहौल की इस धूप-छाँव से गुज़रता हुआ जब मैं तालीम के सिलसिले में लखनऊ पहुँचा तो दोस्तों का हल्क़ा बना और उन लोगों से मुलाक़ात हुई जिनके साथ गुज़ारी हुई ज़िंदगी की याद दिल को एतिमाद[6] और हौसले की गोद से दूर नहीं होने देती। डॉ. क़मर रईस, अहमद जमाल पाशा, इक़बाल मजीद, रतन सिंह, आग़ा सुहेल, डॉ. शारिब रुदौलवी, क़ाज़ी अब्दुल सत्तार, रामलाल, डॉ. मुहम्मद हसन, मंज़र सलीम वग़ैरह हम सभी अंजुमन-तरक़्क़ीपसंद-मुसन्निफ़ीन[7] के जलसों में शरीक होते थे और बहस के दौरान अक्सर अपने बुज़ुर्गों और उस्तादों की राय से बिला झिझक इख़्तिलाफ़[8] करते। अंजुमन ने हम सभी को बहुत कुछ सिखाया है।

"मैं जब पाकिस्तान पहुँचा तो मेरी ज़ेहनी फ़िज़ा[9] और यहाँ की फ़िज़ा में बहुत फ़र्क था। इस टकराव के नतीजे में तन्हाई का एहसास बढ़ गया। कुछ मुश्किलात ने आ घेरा। ज़िंदगी के इस सफ़र में मैंने ज़ाती[10] सतह पर खुशियों से ताकझाँक की है और दुख भी भुगताए हैं।

"शायरी मेरे नज़दीक किसी सोए हुए इंसान की बड़बड़ाहट नहीं है बल्कि ये एक बा-शऊर[11] इंसान का ज़रिया-ए-इज़हार[12] है। शायरी इमेजेज़ (images) की ज़बान है और एक फ़नकार[13] की इमेजेज़ का उसके वर्ल्ड व्यू (world view) से गहरा नाता होता है। जब कोई फ़नकार या अदीब[14] ये कहता है कि हम फ़नकार तो प्रेम और मुहब्बत के प्रचारक हैं और सारे इंसानों से प्यार करते हैं तो उसे ये नहीं भूलना चाहिए कि सारे इंसानों में तो साउथ अफ्रीका, रोडेशिया,

---

1. बहुत 2. विभिन्न 3. दृष्टिकोण (बहु.) 4. अध्ययन 5. रसिकता 6. सहारा, भरोसा 7. प्रगतिशील लेखक संघ 8. विरोध 9. मानसिक स्थिति 10. व्यक्तिगत 11. बुद्धिमान 12. अभिव्यक्ति का साधन 13. कलाकार 14. साहित्यकार

इस्राइली नस्लपरस्त और उनके हामी भी आ जाते हैं। हर अह्द[1] अपनी बुराइयों को अपने साथ लाता है। हम उन्हें पहचानकर उनके ख़िलाफ़ जंग करें तो मायूसी के ख़ेमों की आग ठंडी पड़ जाएगी और उम्मीद की तवाना रौशनियों का घेरा हमारे चारों तरफ़ फैले हुए बहुत से अँधेरों को दूर कर के हमें नई कहकशाओं[2] से हमकनार करेगा। और है यूँ कि मेरे ख़ूबसूरत वतन पाकिस्तान में बसने वाले अवाम को इन रौशन हल्क़ों और कहकशाओं की सख़्त ज़रूरत है।"

हसन आबिद 1957 में हिंदुस्तान से पाकिस्तान गए, कराची के एक कॉलेज में पढ़ाते रहे। टोरंटो (कनाडा) से प्रकाशित होने वाले त्रैमासिक 'उर्दू इंटरनेशनल' के सह-सम्पादक रहे। ग़ज़लों और नज़्मों का संकलन : 'सोच नगर' 1980 में प्रकाशित हुआ।

1. युग 2. आकाश गंगा (बहु.)

आरज़ू

सियाह रात के आँगन में सर झुकाए हुए
न जाने कब से मेरी आरज़ू है ख़ाक-नशीं
थपक रही है फ़ज़ा जागते सितारों को
चमक रहे हैं जो मेरी दराज़ पलकों पर
कोई नहीं जो मेरे पास आ के चुपके से
मुझे समेट ले अपनी गुदाज़ बाँहों में

न कोई चाँद सी सूरत न कोई जिस्म हसीं
न कोई क़ामत-ए-राना[1] न साइद-ए-सीमीं[2]
बस एक प्यार भरा दिल जो मुझसे प्यार करे
मेरे ख़ुलूस-ए-मुहब्बत पे दिल निसार करे

दिल कि तमाम ज़ख़्म है

दिल कि तमाम ज़ख़्म है ज़ख़्म दिखा रहा हूँ मैं
याद जो आ रही हो तुम याद दिला रहा हूँ मैं
तुम मेरी हम-ख़याल थीं तुम मेरे साथ-साथ थीं
आज भी दिल में सोच कर फ़ख़्र सा पा रहा हूँ मैं
क्या तुम्हें याद हैं वो दिन, दिन जो कहीं चले गए
रूठ गई हो मुझसे तुम और मना रहा हूँ मैं

---

1. सुन्दर शरीर 2. चाँदी जैसी सफ़ेद कलाई

बिस्तर-ए-ख़्वाब पर हो तुम नीम-दराज़[1] बे-हिजाब[2],
और तकल्लुफ़ात की रस्म उठा रहा हूँ मैं
रात ने अपनी शाल में दिन को छुपा लिया मगर
वक़्त से बे-ख़बर हो तुम वक़्त बता रहा हूँ मैं
ये भी हुआ कभी-कभी ख़ुद को गुमान-ए-दिलफ़रेब[3]
दूर चली गई हो तुम और बुला रहा हूँ मैं
तुमने कहा था अब कभी दूर न होगी मुझसे तुम
आज तुम्हें तुम्हारी बात याद दिला रहा हूँ मैं

ये ख़्वाब ही तो नहीं

चमन से रुख़सत-ए-अब्र-ए-बहार है शायद

ज़मीन ख़ुश्क है बेवा की छातियों की तरह
फ़ज़ा में ख़ाक-ब-सर बर्ग-ओ-बार[4] उड़ते हैं
हवाएँ चीख़ती फिरती हैं वहशियों की तरह

हर एक शाख़ पे वीरानियों के डेरे हैं
उदासियों का है मसकन[5] तमाम सहन-ए-चमन

सपेद[6] चेहरे हैं जैसे धुले हुए कपड़े
गुलों पे ख़ून की हलकी सी छींट भी तो नहीं

ये बेवगी[7] जो मुक़द्दर बनी है गुलशन का
ये दायमी[8] तो नहीं
पलट के आएगा अब्र-ए-बहार[9] का मौसम
ये ख़्वाब ही तो नहीं

---

1. अधलेटा 2. बेपर्दा, अर्धनग्न 3. दिल को धोखा देने वाला भ्रम 4. फलफूल 5. घर 6. सफ़ेद 7. विधवापन, वैधव्य 8. स्थायी 9. वसंत की घटा

ख़ुद-फ़रेबी[1]

तुम इक सादा सी लड़की थीं
जो लॉन के सब्ज़ा पर बैठी
कुछ उलटी-सीधी बातों में
लम्हों को गूँधा करती थीं

धीमा-धीमा सा लहजा था मामला

कभी हलकी बूँदाबाँदी में
इक मूलसरी[2] के पेड़ तले
हम बैठ के बातें करते थे
तुम थोड़े भीगे बालों को
यूँ खोल के झटका देती थीं
मैं बेबारिश की बूँदों के
रंगों में नहा सा जाता था
तुम क्या जाने क्या कहती थीं
मैं क्या जाने क्या सुनता था
पर दोनों हँसने लगते थे।
और दूर उफ़क की बाँहों में
रंगीन धनक खिल उठती थी

फिर वक़्त के ज़ालिम हाथों ने
तुम्हें तौक़ पिनहाया सोने का
मैं फूल जो चुनकर लाया था,
वो हार गले का बन न सके
अब आज अचानक महफ़िल में
जब मैंने तुमको देखा है
तुम शोख़ लिबास में बैठी हो
हाथों में सुलगती सिगरेट है

---

1. आत्मवंचना 2. मौलश्री

होंटों पे बला की सुर्ख़ी है
हर बात पे ऐसे हँसती हो
गोया कि बहुत दिलशाद हो तुम
लेकिन मुझे ऐसा लगता है
तुम ख़ुद को धोका देती हो
तुम ख़ुद को धोका देती हो

ग़ज़ल

1

लबदोज़ी[1] फ़नकारी ठहरी कैसे दिल का अहवाल कहें
जो मौसम हो नरगिस[2] बन कर देखें और बीमार रहें

टूटे पत्ते आब-ए-रवाँ[3] की सत्ह पे तैरें मौज[4] के साथ
कोई भी रुख़[5] हो बहने वाले लोग तो हर इक सम्त[6] बहें

एक पुराना यार फ़रेबी एक हरीस-ए-दिल-आज़ार[7]
किस ज़ालिम की सेज सजाएँ हम किसकी बेदाद सहें

कुछ टेढ़ी-तिरछी सी लकीरें कुछ चेहरों के ख़ाके[8] से
इन ख़ाकों में रंग भरें तो लोग हमें फ़नकार कहें

मेरे पहलू में साजन है, मान भरा अरमान भरा
पोह की ठंडी-ठंडी रातें लोग हमें, ख़ुशहाल कहें

उलटी-उलटी बातें उनकी ज़ैदी[9] तो दीवाने हैं
चाँद खिले तो चेहरा जानें दिन निकले तो रात कहें

---

1. होंठों को सीना 2. एक फूल, नरगिस के फूल की शक्ल आँख से बहुत मिलती है, इसलिए उससे प्रीतम की आँखों की उपमा दी जाती है। आँख को बीमार भी कहा जाता है क्योंकि प्रीतम की आँख उसके सौंदर्य के नशे की वजह से पूरी नहीं खुलती और कमज़ोरी की वजह से बीमार आदमी भी पूरी आँख नहीं खोल पाता। 3. बहता पानी 4. लहर 5. दिशा 6. दिशा 7. दिल को दुखाने वाला लोभी 8. रेखाचित्र 9. कवि के मित्र

2

कुछ अजीब आलम[1] है होश है न मस्ती है
ये तवील[2] तन्हाई साँप बन के डसती है

नग़मा-ए-तबस्सुम[3] से लब हैं अब भी ना-महरम[4]
शाख़-ए-आरज़ू अब भी फूल को तरसती है

हम ग़रीब क्या जानें मोल ज़िंदगानी का
हमको क्या पता ये शै महँगी है कि सस्ती है

आओ हम भी देखेंगे उस दयार[5] में चलकर
कैसे लोग रहते हैं किस तरह की बस्ती है

ख़ूब-रू[6] तमन्नाएँ ख़ुश-लिबास उम्मीदें
शह्र-ए-दिल की बस्ती भी क्या हसीन बस्ती है

3

चाहे भी दिल तो दर्द की मुहलत[7] कहाँ से लाएँ
हम तुम से रब्त-ए-ख़ास[8] की फ़ुरसत कहाँ से लाएँ

दिल मोतरिफ़[9] तो है निगह-ए-इल्तिफ़ात[10] का
लेकिन इस इल्तिफ़ात की क़ीमत कहाँ से लाएँ

जो तेरे बाजुओं में भी बेचैन ही रहा
उसके लिए सुकून की दौलत कहाँ से लाएँ

सरज़द[11] हुए गुनह जो सर-ए-इब्तिदा-ए-शौक़[12]
हसरत हैं आज भी वो नदामत[13] कहाँ से लाएँ

---

1. दशा 2. लम्बी 3. मुस्कुराहट का गान 4. अपरिचित 5. स्थान 6. सुंदर 7. फ़ुर्सत, अवकाश 8. विशेष संबंध 9. स्वीकार करने वाला 10. कृपा की दृष्टि 11. घटित 12. प्रेम के आरम्भ में 13. पछतावा

4

पलकों पे आँसुओं के सितारे सजे हुए
आँखों में इंतज़ार के लम्हे बसे हुए

क्या-क्या कमाल ख़्वाब इन आँखों में आए हैं
उस ख़ुशनुमा बदन की महक में बसे हुए

गुज़रेगा एक रोज़ वो इन वादियों से भी
सदियाँ गुज़र गई हैं यही सोचते हुए

मसमूम[1] है फ़ज़ा तो सुनाने से फ़ायदा
क्या-क्या हैं दिल में ख़्वाब हमारे बुने हुए

था एक मैं ही ख़ंजर-ए-क़ातिल के सामने
यारान-ए-बावफ़ा[2] थे किनारे खड़े हुए

होंटों पे थी सुकूत[3] की ज़र्दी[4] मली-मली
आँखों में एहतियात[5] के हलक़े[6] पड़े हुए

शह्रों की आग उड़ के यहाँ तक पहुँच गई
आँखों के साथ-साथ हैं जंगल जले हुए

साये हुए हैं जमा दरख़्तों के आस-पास
आएँगे कोई रोज़ मुसाफ़िर थके हुए

दस्त-ए-दराज़[7] चाहिए हासिल के वास्ते
सब राह के शजर हैं फलों से लदे हुए

उफ़तादगां-नवाज़[8] मुसाफ़िर की राह में
पेड़ों के आस-पास हैं साये पड़े हुए

---

1. ज़हरीली 2. स्वामिभक्त मित्र 3. मौन 4. पीलाहट 5. सावधानी 6. घेरे 7. फैला हुआ हाथ 8. दुखियों पर कृपा करने वाले

5

ये नगरी दुख की नगरी है, पर कोई कहो हम जाएँ कहाँ
दुख चारों घूँट बिराज रहे सुख-शह्र का रस्ता पाएँ कहाँ

इक बात जो उससे कहनी है वो बात है मन की भेद भरी
चौ-गिर्द खड़े हैं कान मगर ये बात उसे बतलाएँ क्या

कुछ संगी-साथी कहते हैं चुप-साये तले आराम करो
बाहर है धूप कड़ी देखो ऐसे में निकल के जाएँ कहाँ

वो कूचा तो बर्बाद हुआ जो उस घर को ले जाता था
हम ऐसे पतझड़ मौसम में अब आख़िर ख़ाक उड़ाएँ कहाँ

मैं इन बिगड़ों से कहता हूँ ये कोह जो हाइल[1] राह में है
हम इस पर ज़र्ब[2] न मारें तो ये तेशा-ए-जाँ ले जाएँ कहाँ

कुछ पत्थर टूट गिरेंगे ही कुछ रात का सीना शक़[3] होगा
ये वक़्त जो हम पर आन पड़ा इस वक़्त का ग़म बहलाएँ कहाँ

6

दहकी हुई फ़ज़ा है जो उन आँचलों के पास
रहती है एक आग सी शोला-रुख़ों के पास

लपटें सी उठ रही हैं बदन के चिनार से
लौ दे उठा है साया-ए-लब आरिज़ों[4] के पास

जुल्फ़-ए-सियाह-दाम[5] से क्यों कर बचेगा दिल
सहर-ए-शब-ए-विसाल[6] है जादूगरों के पास

---

1. बीच में आने वाला 2. चोट 3. फटना 4. कपोल (बहु.) 5. काले बालों का जाल 6. मिलन की रात का जादू

पहलू में है वो शोख़ बदन जेर-ए-माहताब[1]
पुर-मौज हो रहा है समंदर लबों के पास

तरकान-ए-शोख-रंग[2] हैं ऑफ़त मगर ये बात
महफ़ूज़[3] दायरों में है साहिब-दिलों के पास

लाला-बदन[4] विसाल-ए-सफ़ीरान-ए-बहर[5] से
भीगे हुए पड़े हैं कंवल साहिलों के पास

हर शख़्स उलझनों के घने जंगलों में है
चलने को रास्ता भी नहीं रहरवों[6] के पास

7

वक़्त अजीब चीज़ है वक़्त के साथ ढल गए
तुम भी बहुत बदल गए, हम भी बहुत बदल गए

मेरे लबों के वास्ते अब वो समाअतें[7] कहाँ
तुम से कहें भी क्या कि तुम दूर बहुत निकल गए

तेज़ हवा ने हर तरफ़ आग बिखेर दी तमाम
अपने ही घर का ज़िक्र क्या शह्र के शह्र जल गए

मौजा-ए-गुल से हम-किनार[8] अह्ल-ए-जुनूँ[9] अजीब थे
जाने कहाँ से आए थे जाने किधर निकल गए

शौक़-ए-विसाल[10] था बहुत सो है विसाल ही विसाल
हिज्र[11] के रंग अब कहाँ मौसम-ए-ग़म बदल गए

---

1. चाँद के नीचे (चाँदनी रात में) 2. तेज़ रंग के तीर 3. सुरक्षित 4. लाला के फूल जैसे लाल और कोमल शरीर वाला 5. समुद्र के दूतों का मिलन 6. रास्ता चलने वाले 7. श्रवण-शक्ति (बहु.) 8. आलिंगित 9. प्रेमी-जन 10. मिलन की अभिलाषा 11. विरह

सूरत-ए-हाल अब ये है लोग ख़िलाफ़ हैं मेरे
ऐ मेरे हम-ख़याल-ओ-ख़्वाब तुम तो नहीं बदल गए

बू-ए-गुल[1] और हिसार-ए-गुल[2] अह्ल-ए-चमन पे ज़ुल्म है
अपनी हुदूद-ए-ज़ात[3] से जान के हम निकल गए

आब-ए-हयात जान कर ज़ह्र पिया गया यहाँ
ज़ह्र भी ख़ामुशी का ज़ह्र जिस्म तमाम गल गए

शम्अ-बदन[4] भी थे कई राह-ए-जुनूँ[5] में हम-सफ़र
ताब-ए-मुक़ावमत[6] न थी, धूप पड़ी पिघल गए

8

कोई कैसा है ध्यान आया तो होगा
कभी कुछ ख़्वाब सा देखा तो होगा

मैं तुमसे क्या कहूँ दिल की तमन्ना
तुम्हारा दिल भी कुछ कहता तो होगा

मैं क्या आया तुम्हारी ज़िंदगी में
कभी तुमने मुझे सोचा तो होगा

मैं हूँ नावाक़िफ़-ए-आदाब-ए-महफ़िल[7]
मेरी बातों पे हंगामा तो होगा

वो मेरा दोस्त है और दोस्ती में
कभी तल्ख़ी कभी झगड़ा तो होगा

यहाँ जब हैं तो फ़िक्र-ए-आक़िबत[8] है
वहाँ रह कर ग़म-ए-दुनिया तो होगा

---

1. फूल की सुगंध 2. फूल की परिधि 3. अस्तित्व की सीमाओं 4. मोम जैसे शरीर वाले 5. उन्माद (प्रेम) का रास्ता 6. किसी के साथ बराबरी करने की ताक़त 7. सभा के तरीक़ों से अपरिचित 8. यमलोक की चिता

कहाँ सहरा में तन्हाई कि ऐ दिल
न हो कुछ फिर भी सन्नाटा तो होगा

लबों का हर्फ़[1] जुमला[2] बन गया है
ये इस बस्ती में दुख सहना तो होगा

गराँ-गोशी[3] सिफ़त है इस नगर में
कि सुनकर बात कुछ कहना तो होगा

9

याद आओ तो मना लें ये सहूलत[4] भी नहीं
भूल जाएँ तुम्हें ऐसी कोई सूरत भी नहीं

फ़ासले वो हैं कि इस गर्दिश-ए-दौराँ[5] के तुफ़ैल[6]
हम कभी तुमसे मिलेंगे, ये ज़मानत भी नहीं

भूल जाते हैं यूँ ही लोग, यही होता है
तुमसे रंजिश[7] तो कुजा[8] तुमसे शिकायत भी नहीं

जब चले आए थे बेताब सर-ए-कूचा-ए-शौक़
अब वो सरजोशी-ए-आग़ाज़-ए-मुहब्बत भी नहीं

जिससे दिल था सनम-आबाद-ओ-तमन्ना-आसार
अब मेरे पास वो सरमाया-ए-वहशत भी नहीं

जिसने हलकान किया था कभी हम दोनों को
दिल में अब वो हवस-ए-दर्द-ए-मुहब्बत[9] भी नहीं

---

1. अक्षर 2. वाक्य 3. ऊँचा सुनना 4. आसानी 5. काल-चक्र 6. कारण 7. नाराज़ी 8. कहाँ
9. प्रेम के दुख की लालसा

हस से क्यों इतना गुरेज़ाँ[1] है वो जान-ए-महफ़िल
हम कि नावाकिफ़-ए-आदाब-ए-मुहब्बत[2] भी नहीं

पहले कब इससे ज़्यादा के सज़ावार थे हम
अब ये बात और वो अंदाज़-ए-अदावत[3] भी नहीं

दोस्तों ने मुझे चाहा ये इनायत उनकी
मैं वो मुफ़लिस कि मेरे पास ये दौलत भी नहीं

10

थे वो क़िस्से मगर सराब के थे
जाने वाले ख़याल-ओ-ख़्वाब के थे

लम्हा-लम्हा किसी की यादें थीं
रोज़-ओ-शब[4] थे मगर अज़ाब[5] के थे

उसका चेहरा था और शीशों में
अक्स खिलते हुए गुलाब के थे

गर्द-ए-रह[6] थी मियान-ए-मंज़िल-ओ-दिल[7]
धुँदले-धुँदले नुकूश[8] ख़्वाब के थे

11

हर अच्छी सूरत का लोभी हर मुख का मतवाला है
साहिब-ए-दिल की बात न पूछो दिल का ढंग निराला है

एक ज़माना बीता हम हैं दर्शन से महरूम मगर
देवी तेरे रूप का अब तक मन-मंदिर में उजाला है

---

1. संकुचित 2. प्रेम के तरीकों से अपरिचित 3. दुश्मनी का अंदाज़ 4. दिन और रात 5. यातना
6. रास्ते की धूल 7. मंज़िल और दिल के बीच 8. चित्र, रेखाएँ

तुमने कितने दुख झेले हैं हमने कितने दुख पाए
दुख की गिनती करने वालो कौन यहाँ सुख वाला है

अपने-अपने देस के बासी एक सराय में आन मिले
कब कोई पहले का साथी कब आगे मिलने वाला है

हुस्न-ए-दुनियादार[1] कहाँ और इश्क़-ए-सादा-लौह[2] कहाँ
हमने रफ़्ता-रफ़्ता[3] उसको अपने रंग पे ढाला है

सभी यहाँ दरवेश बने हैं ज्ञान-ध्यान में हैं मशग़ूल
सबकी आँखें बंद हैं प्यारे सबके मुँह पर ताला है

दावेदार बहुत थे लेकिन कूच-समय ये हाल हुआ
जिससे पूछो यही पुकारे, साथी पाँव में छाला है

12

शिकस्तगी[4] का अजब एक सिलसिला है यहाँ
मुझे मकान भी टूटा हुआ मिला है यहाँ

सँवारने में तराशा गया है उसको भी
कभी जो कोई नया पैरहन सिला है यहाँ

जो ला के रोज़ मेरे घर पे डालता है मुझे
वो रास्ता भी शिकस्ता बदन मिला है यहाँ

नसीम[5] सब्ज़[6] क़बा[7] चाक कर गई है सहर
कली का ख़ून हुआ है तो गुल खिला है यहाँ

---

1. अवसरवादी का अच्छा होना 2. निश्छल प्रेम 3. धीरे-धीरे 4. टूट-फूट 5. ठंडी और धीमी हवा 6. हरा 7. लिबास

सभी की आँखों में मजबूरियों के हलक़े हैं
किसी से ज़िक्र-ए-तमन्ना भी इक गिला है यहाँ

मगर यही कि हर इक आदमी फ़रिश्ता है
मुझे किसी से भला कौन सा गिला है यहाँ